Knaur

IRMGARD LANG

Basteln in der Krabbelgruppe

IRMGARD LANG

Basteln in der Krabbelgruppe

Ideen für das ganze Jahr

Mit Vorlagen in Originalgröße

Liebe Eltern und Erzieher,

bereits ganz kleine Kinder haben einen Riesenspaß am Basteln. Auch wenn es ihnen nicht immer leicht fällt und weder der Stift noch die Schere gehorchen wollen, ist es dennoch erstaunlich, was diese kleinen Hände schaffen.

In diesem Buch finden Sie zahlreiche Anregungen für einfache, aber dekorative Bastelarbeiten rund ums Jahr. Alle Bastelvorschläge sind für Kinder ab dem zweiten Lebensjahr geeignet, aber natürlich ist bei manchen Handgriffen ein wenig Hilfe von Nöten.

Hier noch einige Tipps, die das Basteln erleichtern werden:

- Zeigen Sie den Kindern genau, wo z.B. die Augen hingemalt oder aufgeklebt werden sollen. Und beschreiben Sie, wie es aussehen soll: »Male dem Hasen große Augen, so dass er gut sieht.«
- Bieten Sie den Kindern beim Falten »Bilder« für die zu faltenden Formen an: »Wir falten ein Kopftuch oder ein Buch« usw., so können sie die Arbeitsschritte leichter nachvollziehen.
- Vor dem Ausschneiden alle Linien gut sichtbar vormalen und genau kennzeichnen, wie weit eine Linie eingeschnitten werden soll. Erklären Sie: »Du darfst bis zu diesem Strich schneiden« oder »Versuche genau an der Linie entlang zu schneiden.«
- Beim Kauf von Bastelscheren darauf achten, dass die Griffe so weit sind, dass die Finger eines Erwachsenen noch mit in die Löcher hineinpassen, das erleichtert Ihnen das Führen der Hand beim Schneiden.
- Beim Kleben genau angeben, ob ein Tupfen Klebstoff genügt oder ob mehr Kleber erforderlich ist. Besorgen Sie Klebstoff in Flaschen, deren Öffnungen nicht zu groß sind, sonst tritt zu viel Klebstoff aus und dies führt zu verschmierten Händen. Viele Kinder empfinden das als unangenehm.

Die Kinder werden begeistert sein, wenn ihre Küken, Igel, Geister, Nikoläuse einen Ehrenplatz im Haus erhalten.

Viel Spaß beim Basteln,
Ihre Irmgard Lang

Das wird gebraucht

Um wunderschöne Bastelideen rund ums Jahr verwirklichen zu können, werden die im Folgenden angeführten Materialien und Werkzeuge gebraucht. Es gibt in diesem Buch allerdings auch Bastelutensilien, die nur ein einziges Mal benötigt werden und die außerdem in jedem Haushalt vorhanden sind. In diesem Fall wurden die Materialien und Werkzeuge nicht auf den folgenden Seiten, sondern bei der jeweiligen Bastelei angeführt.

Materialien und Hilfsmittel

Pappe
gemeint ist hier ganz normale Graupappe, wie man sie beispielsweise an Zeichenblöcken findet.

Tonpapier
in verschiedenen Größen und Farben.

Fotokarton
ist doppelt so stark wie Tonpapier und ebenfalls in verschiedenen Farben und Größen erhältlich.

Transparentpapier
eignet sich gut für Fensterdekorationen, Laternen usw.

Wellpappe
ist doppelseitig kaschiertes Material, das auf einer Seite leicht gerippt, auf der anderen Seite glatt ist. Wellpappe ist in Einzelbögen erhältlich.

Krepppapier
ist nur in Rollen erhältlich. Es ist in Längsrichtung dehnbar und wird in vielen Farben angeboten. Achtung: Wenn es feucht wird, färbt das Papier ab.

Einbandfolie
ist selbstklebend und wird vor allem als Schutz für Bücher oder Spiele verwendet.

Papierschnipsel
Diese schmalen Papierstreifen nennt man auch Sizzle.

Schleifpapier
ist im Baumarkt erhältlich. Es gibt verschieden gekörnte Oberflächen. Vor allem beim Bemalen mit Wasserfarben ist es ratsam, Plastikeier mit einem feinkörnigen Schleifpapier etwas aufzurauen, da so die Farbe besser haftet.

Metallfolie
Gibt es in verschiedenen Farben auf Rollen aufgewickelt oder in Bogen geschnitten. Beim Basteln mit Metallfolie beachten, dass Flüssigklebstoff die Folie verfärbt. Deshalb besser Papierklebstoff verwenden.

Fensterfolie
haftet von selbst und ist in vielen Farben erhältlich. Sie lässt sich ganz einfach wieder abziehen.

Klebstoffe
Ein Klebestift, der transparent trocknet und auswaschbar ist, eignet sich besonders gut für Papier und Pappe. Flüssigkleber ist ein schnell trocknender, wasserfester Klebstoff mit Lösungsmitteln. Es gibt ihn auch ohne Lösungsmittel. Mit lösungsmittelfreiem Kleber gebastelte Dinge halten jedoch nicht so gut und das geklebte Papier wellt sich.

Watteeier
sind etwa so groß wie Hühnereier. Sie bestehen aus gepresster Watte und können in ihrer Form verändert werden, indem sie halbiert oder flach gedrückt werden.

Styroporeier und -kugeln
sind in unterschiedlichen Größen erhältlich. Styropor ist sehr leicht.

Plastikeier
aus dünnem Kunststoff sind etwa 6,5 x 5 cm groß. Am dickeren Ende sind sie mit einem kleinen Loch versehen.

Überraschungseier
In jedem Überraschungsei findet sich ein kleines gelbes Plastikei.

Fingerfarben
kann man in allen möglichen Farbtönen kaufen. Sie können mit Schwamm oder Pinsel aufgetragen werden. Außerdem lassen sie sich ohne Probleme abwaschen.

Wasserfarben
werden von verschiedenen Firmen in Einzelbehältern oder im Malkasten mit sechs, zwölf oder 24 unterschiedlichen Farben angeboten. Die Farben

lassen sich mit Wasser und Pinsel auftragen und sind auswaschbar.

Abtönfarben
sind im Fachhandel in verschiedenen Farben zu beziehen. Sie sind abriebfest, atmungsaktiv, wetter- und scheuerbeständig. Die einzelnen Farbtöne lassen sich untereinander gut mischen.

Deckweiß
wird von verschiedenen Firmen entweder in Tuben oder Flaschen angeboten. Deckweiß lässt sich mit Pinsel auftragen und hat eine sehr hohe Deckkraft.

Klarlack
ist ein lösungsmittelhaltiger Lack, der schnell transparent trocknet. Es gibt ihn hochglänzend und matt. Er dient als Überzug für wässrige Farben sowie als Schutz vor Feuchtigkeit, Schmutz und Fett.

Dekorlack
Dekorlack in Gold und Silber gibt es im Schreibwarenhandel. Der Lack ist wasserlöslich und lässt sich hervorragend mit anderen Farben, zum Beispiel Wasserfarben, mischen.

Moosgummi
gibt es in verschiedenen Stärken und Größen.

Filz
lässt sich leicht schneiden und eignet sich für Applikationen oder kleine Näharbeiten. Filz nicht waschen, sondern reinigen lassen, da er einläuft.

Werkzeuge

Bastelmesser oder Cutter
ist ein Sicherheitsmesser mit rasiermesserscharfer Klinge für Papier, Pappe oder Moosgummi. Wenn das Messer nicht mehr gebraucht wird, lässt sich die Klinge in den Schaft einziehen. Das Messer gehört nie in die Hände von Kindern.

Scheren
müssen immer gut geschliffen sein. Das ist eine Grundvoraussetzung für das Basteln, denn mit unscharfen Scheren reißt das Papier leicht ein und es gelingen keine sauberen Kanten.
Oft ist es einfacher, die Formen mit einem Cutter auszuschneiden.

Filzstifte
gibt es im Schreibwarenhandel in verschiedenen Strichbreiten. Wer sich neue Filzstifte anschafft, nimmt am besten Duo-Fasermaler mit einer dicken und einer dünnen Spitze.

Blei-, Bunt- und Filzstifte sowie Kugelschreiber
sollten Sie zum Übertragen der Vorlagen und Anzeichnen von Hilfslinien parat haben.

Pinsel
gibt es als Fehhaar-, Rotmarder- oder Borstenpinsel in verschiedenen Größen. Fehhaarpinsel sind vor allem für Wasserfarben und Abtönfarben geeignet.

Lochzange (Sechslochzange)
Revolverzange mit sechs auswechselbaren Lochpfeifen mit Durchmessern von 0,2 mm bis 0,45 mm.

So werden Vorlagen übertragen

Legen Sie Transparentpapier auf die Vorlage. Zeichnen Sie alle Linien mit dem Bleistift nach. Dann das Transparentpapier auf das jeweilige Bastelpapier legen und alle Konturen noch einmal nachzeichnen. Die Bleistiftlinie wird dann auf dem Papier sichtbar.
Manchmal lohnt es sich, gerade beim Basteln in der Gruppe, eine Musterschablone herzustellen. Dazu wird das jeweilige Motiv wie eben beschrieben auf eine Pappe übertragen und ausgeschnitten. Die Schablone kann dann immer wieder auf das Bastelpapier gelegt und mit einem Stift umfahren werden.

Unter Indianern

Weißer Mann nimm dich in Acht, jetzt kommen die Rothäute mit ihrem wilden Kopfschmuck.

Das wird gebraucht

- bunte Federn
- gelbes Tonpapier
- Klebeplättchen
- Schere
- Klebstoff
- Hutgummi
- Lochzange

So wird's gemacht

Aus dem Tonpapier einen Streifen schneiden, etwa 8 cm breit und in der Länge dem Kopfumfang des Kindes entsprechend.
Den Streifen der Länge nach in der Mitte zusammenfalten, so dass ein Band von etwa 4 cm Breite entsteht. Das Band wieder auseinander klappen.

Die Kinder können die Innenseite (oberer Teil) satt mit Klebstoff bestreichen und die Federn nebeneinander anordnen.

Die Kinder können die Vorderseite alleine mit den bunten Klebeplättchen verzieren, ganz wie es ihnen gefällt.

Erklären Sie den Kindern dabei, dass die Federkielspitze immer an der Faltlinie liegen soll. Den unteren Teil nun ebenfalls mit Klebstoff bestreichen lassen und das Band zusammenklappen.

An den beiden Enden ein Loch mit der Lochzange zwicken, ein Stück Hutgummi durchziehen und zusammenknoten. So passt sich der Indianerschmuck dem Kopf des Kindes an.

TIPP

Obwohl die Rückseite gummiert ist, empfiehlt es sich, unter jedes Plättchen einen Tupfen Kleber zu geben. Die Plättchen bleiben so besser haften, wenn das Band aufgesetzt wird.

Kiki-Küken

Ob aus den bunten Eiern wohl noch ein paar Spielgefährten schlüpfen werden?

Das wird gebraucht

- **Watteei**
- **gelbe Wasser- oder Fingerfarbe**
- **Pinsel**
- **roter Fotokarton**
- **Kulleraugen**
- **gelbe Federn**
- **Schere**
- **Flüssigkleber**

Vorlage auf Seite 68

So wird's gemacht

Das Watteei mit der gelben Wasser- oder Fingerfarbe bemalen und trocknen lassen.

Während die Farbe trocknet, werden Schnabel und Füße ausgeschnitten. Dazu die Teile von der Vorlage abpausen und auf den roten Fotokarton übertragen. Diese Arbeit kann bereits von ganz jungen »Künstlern« übernommen werden.

Das Ei auf die Füße stellen und festkleben, den Schnabel und die Kulleraugen ebenfalls mit etwas Kleber betupfen und ankleben.

Die Federn so zuschneiden, dass zwei etwas längere Stücke als Flügel und ein kürzeres Stück als Kopfschmuck angebracht werden können. Nicht zu viel Klebstoff verwenden, sonst verkleben die Federn.

Mümmel, der Hase

Hallo ihr da drinnen – wollt ihr mich nicht zum Osterfrühstück einladen?

So wird's gemacht

Den Hasen von der Vorlage auf das Moosgummi übertragen. Dabei den Kindern beim Ausschneiden behilflich sein, denn Moosgummi lässt sich schwerer schneiden als Papier.

Aus dem rosa Moosgummi nach Vorlage die Innenohren und das Schnäuzchen ausschneiden und von den Kindern an die richtigen Stellen kleben lassen. Die Kulleraugen auf der Rückseite mit etwas Klebstoff bestreichen und aufkleben.

Vom schwarzen Faden einige gleich lange Stücke abschneiden und als Barthaare unter das Schnäuzchen kleben. Auf der Rückseite des Körpers ein kleines Watteknäuel als Schwänzchen festkleben.

Am Kopf mit der Lochzange ein Loch anbringen und den Nylonfaden durchziehen.

Vorlage auf Seite 68

Das wird gebraucht

- Pappe
- Moosgummi in Weiß und Rosa
- Schere
- Klebstoff
- Kulleraugen
- Nylonfaden
- schwarzer Faden
- Watte
- Lochzange

Das wird gebraucht

- Unterteil einer Eier-schachtel
- Watteei
- Tacker
- evtl. Deckweiß
- gelbe Wasser- oder Fingerfarbe
- Pinsel
- rotes Tonpapier
- Kulleraugen
- Schaschlikstäbchen
- Schere
- Flüssigkleber

Vorlage auf Seite 68

Küken im Ei

Kuckuck, da bin ich! Hast du schon auf mich gewartet?

So wird's gemacht

Von einer Eierschachtel zwei Ecken abschneiden und an der Rückseite zusammentackern. Das sollte ein Erwachsener übernehmen.
Die Schachtel, falls es keine weiße Eierschachtel ist, mit Deckweiß bemalen.
Solange das »Ei« trocknet, wird das Küken vorbereitet. Das Watteei mit gelber Wasser- oder Fingerfarbe bemalen und gut trocknen lassen.
Den Schnabel von der Vorlage auf das rote Tonpapier übertragen und ausschneiden. Auf das Ei die Kulleraugen und den Schnabel kleben.
Diese Schritte können problemlos von Kindern ausgeführt werden.
Das Schaschlikstäbchen durch den unteren Teil des Eierkartons stechen, das Küken draufsetzen. Eventuell mit etwas Klebstoff fixieren, damit es besser hält und bei Bewegungen nicht sofort herausfällt.
Wenn das Stäbchen nach oben geschoben wird, öffnet sich das Ei und das Küken lugt heraus, wenn es nach unten geschoben wird, schließt sich das Ei.

TIPP

Fingerfarbe ist dickflüssiger als Wasserfarbe. Sie muss nicht mit Wasser verdünnt werden und weicht das Material nicht so auf.
Vor allem deckt sie den Untergrund besser ab. Die Farbe am besten einen Tag vor der geplanten Bastelarbeit auftragen, damit sie gut getrocknet ist, wenn das Ei später angefasst wird.

Grünwuschel

Der Grünwuschel sieht lustig aus und wir bekommen gleich noch Vitamine mitgeliefert.

TIPP

Wer keine Blumenerde im Haus hat, kann den Kressesamen auch auf Watte oder auf ein Stück Haushaltsflies streuen.

Das wird gebraucht

- Eierschalen oder Plastikeier
- Wasserfarben oder Filzstifte
- Klarlack
- Flasche
- Fotokarton
- evtl. Büroklammer
- Blumenerde
- Kressesamen
- Schere
- Kleber

Vorlage auf Seite 68

So wird's gemacht

Die Eierschalenhälfte vorsichtig auswaschen und abtrocknen. Es dürfen keine Eiweißreste mehr vorhanden sein. Das Ei mit den Filzstiften oder mit Wasserfarben bemalen und mit Klarlack lackieren. Lack sollte nicht in Kinderhände gegeben werden.
Die bemalte und lackierte Eihälfte zum Trocknen über einen Flaschenhals stülpen.
Bis der Klarlack getrocknet ist, wird der Ständer für das Ei gebastelt. Dafür einen Fotokartonstreifen etwa 3 cm breit und 14 cm lang zuschneiden (siehe Vorlage auf Seite 68). Helle Farben wie Rot oder Gelb sehen besonders dekorativ aus. Den Streifen am Ende zusammenkleben, eventuell mit einer Büroklammer fixieren. Wer möchte, kann den Eierständer ebenfalls verzieren.
In die Eihälfte etwas Blumenerde geben und den Kressesamen darauf streuen. Nun das Ganze befeuchten, aber nicht zu stark gießen, damit die Erde nicht schimmelt. Innerhalb von zwei Tagen sind schon die ersten Keimlinge zu sehen.
Für das Bemalen von Eierschalen sollten die Kinder bereits etwas älter sein. Plastikeier, die nicht so schnell kaputt gehen und deshalb besonders für die Kleinen geeignet sind, können für diese Bastelei mit einer Säge halbiert werden.

Familie Huhn

Auch wenn der Boden zum Scharren und Wurmpicken fehlt, Hahn, Henne & Co. scheinen sich in luftiger Höhe sehr wohl zu fühlen.

Das wird gebraucht

- Fensterbaum (Friesenbaum)
- 4 gelbe Plastikeier aus dem Überraschungsei
- 1 weißes Plastikei
- 1 Styroporei
- braunes Ostergras
- Wasserfarben
- Pinsel
- rotes Tonpapier
- Ostereiaufhänger
- Nylonfaden
- Kulleraugen
- weiße, gelbe und bunte Federn
- Nähnadel
- Schere
- Flüssigkleber

Vorlagen auf den Seiten 68 und 69

So wird's gemacht

Den Fensterbaum (auch Friesenbaum genannt) nach Anleitung zusammenbauen und eventuell an den Kreuzstellen etwas mit Klebstoff fixieren. Die Querstäbe des Fensterbaumes mit braunem Ostergras bekleben.
Das weiße Styroporei für den Hahn wird mit brauner oder grüner Wasserfarbe bemalt. Dies schaffen Kinder schon alleine. Das Ei sollte bereits einen Tag vor dem Weiterverarbeiten mit Wasserfarbe bemalt werden. So kann es gut trocknen.
Für die Henne und den Hahn jeweils den Kamm, den Schnabel und den Kehllappen (nur für den Hahn) von der Vorlage übertragen und ausschneiden.

Den Ostereiaufhänger in das Loch des Plastikeies stecken und eventuell etwas mit Kleber fixieren. Beim Styroporei wird der Aufhänger nur in das Ei gesteckt. Den Nylonfaden durch den Aufhänger fädeln und in der gewünschten Länge abschneiden und verknoten.
Den Kamm von Hahn und Henne jeweils an die Ansatzstelle des Aufhängers kleben; Augen, Schnäbel und beim Hahn den Kehllappen anbringen. Falls die kleinen Kinderhände hier noch nicht richtig koordinieren können, helfen große Hände etwas nach. Die Henne wird mit weißen Federn, der Hahn mit bunten Federn geschmückt.
In die gelben Plastikeier mit einer heißen Nadel (über eine Flamme halten) ein Loch stechen und die Ostereiaufhänger anbringen. Achtung: Kinder nie alleine mit offener Flamme hantieren lassen! Der Nylonfaden kann wahlweise zwischen die beiden Eiteile geklebt werden.

Die Küken bekommen kleinere Kulleraugen, die Schnäbel sind ebenfalls etwas kleiner. Die kleinen Hühner werden rundherum mit gelben Federn beklebt.
Die Henne, den Hahn und die Küken in beliebiger Anordnung am Fensterbaum befestigen.
Durch den Längsstab des Fensterbaumes einen Nylonfaden oder ein farblich passendes Ringelband als Aufhänger ziehen.

TIPP

Wer keine Ostereiaufhänger verwenden möchte, kann einen Nylonfaden um ein halbiertes Streichholz wickeln, etwas mit Klebstoff fixieren und in das Loch im Ei stecken. Bei Styroporeiern wird das Streichholz direkt in das Material gesteckt.

Kükennachwuchs

Die Geburt eines Kükens ist immer wie ein kleines Wunder.

Das wird gebraucht

- weißer, roter, brauner und gelber Fotokarton
- schwarzer Filzstift
- Kulleraugen
- braunes Ostergras
- Lochzange
- Nylonfaden
- Schere
- Flüssigklebstoff

Vorlage auf Seite 69

So wird's gemacht

Für das erste und das zweite Ei muss die Vorlage auf Seite 69 jeweils einmal ausgeschnitten werden. Hierfür verwenden Sie weißen Fotokarton. Auf das zweite Ei werden mit dem schwarzen Filzstift die Bruchstellen aufgemalt.

Für das dritte Ei wird die Eivorlage zweimal ausgeschnitten. Die Bruchstelle aufmalen und an der Linie entlang ausschneiden. Das halbe Küken auf den gelben Fotokarton übertragen, ausschneiden und zwischen die beiden unteren Eihälften kleben. Die zwei oberen Eihälften werden nun vor und hinter den Kopf des Kükens geklebt.

Für das vierte Ei wird nur der untere Teil benötigt – der allerdings wieder zweimal. Das ganze Küken ausschneiden und zwischen die beiden unteren Eihälften kleben.
Die Kulleraugen aufkleben, ebenso den Schnabel. Alle Ausschneidearbeiten können von den Kindern übernommen werden.

Als Letztes ist das ganze Küken zu sehen. Die Augen und den Schnabel anbringen, den Boden aus braunem Fotokarton zweimal von der Vorlage übertragen und ausschneiden. Das Küken zwischen die beiden Bodenteile kleben. Dann die Außenseite des Bodens ebenfalls mit Klebstoff bestreichen und das braune Ostergras aufkleben.

An den Eiern wird oben und unten ein Loch mit der Lochzange angebracht, nur beim unteren Küken wird lediglich am Kopf ein Loch gezwickt. Die Teile mit Nylonfaden verbinden.

TIPP

Mit Bastelfedern beklebt, wird das Küken zum richtigen Kuscheltierchen.

Ostereipuzzle

Hier wird ein ganz ungewöhnlicher Umgang mit dem Ei verlangt: Die Schalenteile werden zur Abwechslung mal nicht abgepellt, sondern zusammengesetzt.

Vorlage auf Seite 70

Das wird gebraucht

- weißer Fotokarton
- bunte Filzstifte oder farbige Papierreste
- schwarzer Filzstift
- Schere
- Flüssigkleber

So wird's gemacht

Das Ei von der Vorlage auf den weißen Fotokarton übertragen. Je nach Belieben mit Filzstiften bemalen oder mit buntem Papier bekleben.

Nach dem Verzieren den Text auf das Ei schreiben und die Einladung in beliebig viele Teile zerschneiden. Die Teile dürfen aber nicht zu klein

ausfallen, sonst besteht die Gefahr, dass sie verloren gehen.
Die Anzahl der Eiteile hängt davon ab, ob ein Kind oder ein Erwachsener die Einladung bekommt und zu einem Puzzle zusammenfügen muss.

Die meisten dieser Bastelschritte bewältigen die Kinder alleine. Der Text muss von einem Erwachsenen geschrieben werden.

TIPP

Beim Verzieren des Eies helle Farben verwenden, sonst ist der Text darauf nur schwer lesbar.

Moosgummieier

Auch die Jüngsten wollen bei der Dekoration des Osterstraußes mitwirken. Diese Bastelei eignet sich schon für »Mini-Künstler«.

So wird's gemacht

Das Ei von der Vorlage auf Pappe übertragen, da die Form mehrmals gebraucht wird.

Mit Hilfe dieser Schablone nun beliebig viele Moosgummieier herstellen. Dabei spielt es keine Rolle, welche Farbe genommen wird, denn der Osterstrauß wirkt um so dekorativer, je bunter die Eier sind.

Mit den Kindern zusammen den Flüssigkleber auf das Ei tupfen. Die vorgestanzten Moosgummiformen können anschließend von den Kindern alleine aufgeklebt werden.

Das wird gebraucht

- Moosgummi in verschiedenen Farben
- vorgestanzte Moosgummiteile
- Pappe
- Stift
- Nylonfaden
- Lochzange
- Schere
- Flüssigkleber

Vorlage auf Seite 70

Glückskäfer

So ein großer Marienkäfer bringt bestimmt besonders viel Glück ...

Das wird gebraucht

- Watte- oder Styroporei
- scharfes Messer
- rote und schwarze Wasserfarbe
- dicker und dünner Pinsel
- grüner Fotokarton
- Lochzange
- Nylonfaden
- Schere
- Flüssigklebstoff

Vorlage auf Seite 70

So wird's gemacht

Das Ei mit einem scharfen Messer der Länge nach halbieren. Das muss wegen der Verletzungsgefahr ein Erwachsener übernehmen.

Mit roter Wasserfarbe nur die Wölbung des Eis, nicht die Schnittstelle, bemalen.
Das Blatt von der Vorlage auf den grünen Fotokarton übertragen. Beide Arbeitsgänge können geschickte Kinder gut alleine erledigen.
Wenn der Käfer getrocknet ist, wird er auf das Blatt geklebt. Mit einem dünnen Pinsel und schwarzer Wasserfarbe die Beine, die Flügel, die Punkte auf den Flügeln sowie Kopf und Fühler aufmalen.

Zum Schluss mit der Lochzange ein Loch in die Blattspitze zwicken und den Nylonfaden als Aufhänger durchziehen. Diesen Arbeitsgang übernimmt ein Erwachsener, da viele Kinder dafür noch nicht kräftig genug sind.

TIPP

Als Erstes das halbierte Ei mit viel Farbe und wenig Wasser bemalen und gut trocknen lassen. Das nasse Watteei nicht anfassen, sonst bleiben kleine Wattestücke an den Händen kleben. Auch bei einem Styroporei ist es ratsam, die Farbe bereits einige Zeit vor dem Weiterverzieren aufzutragen, um Fingerabdrücke zu vermeiden.

Vogelgezwitscher

Es wird Frühling, endlich kommen die Vögel wieder aus dem Süden zurück.

Das wird gebraucht

- Fotokarton in beliebiger Farbe
- bunte Federn
- Kulleraugen oder kleine schwarze Knöpfe
- Kartonring bzw. Pappe
- Klebstoff
- Schere
- Nylonfaden
- Lochzange

Vorlage auf Seite 71

So wird's gemacht

Den Ring von der Vorlage auf Pappe übertragen. (Wenn Sie's einfacher haben möchten: Fertige Kartonringe in verschiedenen Größen gibt es im Hobby- und Bastelladen auch zu kaufen.) Den Ring mit den Kindern zusammen ausschneiden.

Die Vögel in gewünschter Anzahl von der Vorlage auf den Fotokarton übertragen. Den Kindern beim Ausschneiden etwas die Hand führen.

Den Klebstoff, mit dem die Federn befestigt werden, können die Kinder alleine auf den Vogelkörper streichen. Jeder Vogel wird nun mit

kleinen bunten Federn verziert, dabei den Kopf für die Augen aussparen. Falls die Federn zu lang sind, können kleine Stücke abgeschnitten werden.

Jeder Vogel bekommt ein Kullerauge. Falls diese nicht vorhanden sind, können auch kleine Knöpfe oder schwarze Punkte aus Tonpapier verwendet werden.
Für jeden Vogel einen Tropfen Klebstoff auf dem Kartonring aufbringen und die Kinder die Vögel alleine aufkleben lassen.
Mit der Lochzange ein Loch anbringen und den Nylonfaden als Aufhänger durchziehen.

TiPP

Beim Anbringen der Federn darauf achten, dass die Kinder wenig Klebstoff verwenden, da dieser sonst unschön durch die Federn scheint.
Mit Papierkleber lässt sich das vermeiden.

Nestwärme

Klein, aber oho! So viele Schnäbel wollen erst einmal gefüttert sein!

So wird's gemacht

Den Bildhintergrund von der Vorlage auf den Fotokarton übertragen und mit den Kindern zusammen ausschneiden. Den unteren Bildrand mit Klebstoff bestreichen, das grüne oder braune Ostergras darauf legen und etwas andrücken. Dies schaffen die Kinder ohne Hilfe.

In das »Nest« werden nun gelbe Federn geklebt. Falls die Federn zu lang sind, können sie kleiner geschnitten werden.

Jedes Küken bekommt ein Kullerauge. Falls diese nicht vorhanden sind, können kleine schwarze Knöpfe als Augen verwendet werden.

Aus rotem Tonpapier schneiden die Kinder die Schnäbel aus. Die Form des Schnabels kann von den Erwachsenen mit einem Stift auf dem Papier vorgezeichnet werden.

Vorlage auf Seite 72

Das wird gebraucht

- **gelbe Federn**
- **braunes oder grünes Ostergras**
- **Kulleraugen oder schwarze Knöpfe**
- **rotes Tonpapier**
- **brauner Fotokarton**
- **Klebstoff**
- **Bilderöse**
- **Schere**

Fantasievögel

Diese flauschigen Piepmätze sind schön zum Ansehen und Anfassen.

Das wird gebraucht

- weißer Fotokarton
- rotes Tonpapier
- Kulleraugen
- Lochzange
- Nylonfaden
- Federn in beliebigen Farben
- Schere
- Flüssigklebstoff

Vorlagen auf den Seiten 69 und 70

So wird's gemacht

Die Körperform von der Vorlage auf den weißen Fotokarton übertragen und ausschneiden. Dann den Schnabel aus dem roten Tonpapier zuschneiden. Die Kulleraugen und den Schnabel aufkleben.

Das Loch für den Aufhänger stanzen und die Nylonschnur durchziehen.

Den Körper des Vogels mit Flüssigklebstoff bestreichen und die Federn ankleben. Mit der Rückseite ebenso verfahren. Nicht zu viel Klebstoff verwenden, die Federn wirken sonst unansehnlich.

All diese Handgriffe – bis auf das Ausschneiden des Vogelkörpers und das Stanzen des Loches – können schon die jüngsten Kinder alleine ausführen.

Froschfreude

Aus Eiern kann man sogar Frösche zaubern. Da kommt vielleicht Freude auf!

Das wird gebraucht

- weißes Plastikei
- feinkörniges Schleifpapier
- grüne Wasserfarbe
- Pinsel
- Schaschlikstäbchen
- Klarlack
- grüner Fotokarton
- Kulleraugen
- Schere
- Flüssigkleber

Vorlage auf Seite 70

So wird's gemacht

Die Wasserfarbe haftet besser auf dem Ei, wenn dessen Oberfläche mit einem feinkörnigen Schleifpapier angeraut wurde. Das Plastikei mit grüner Wasserfarbe bemalen. Dazu das Ei auf ein Schaschlikstäbchen spießen, um Fingerabdrücke zu vermeiden. Wenn die Farbe getrocknet ist, das Ei mit Klarlack bestreichen.

Den Körper des Frosches von der Vorlage auf den grünen Fotokarton übertragen und ausschneiden. Auf dem trockenen Ei die Augen anbringen. Anschließend das Ei auf den Körper kleben.

Die Kinder können das Ei alleine anmalen, das Lackieren sollte allerdings ein Erwachsener übernehmen. Für das Ausschneiden des Körpers ist ebenfalls, je nach Alter des Kindes, die Hilfe eines Erwachsenen nötig.

TIPP

Wenn mehrere Frösche gebraucht werden, zum Beispiel für eine Tischdekoration, empfiehlt es sich, mit einer Schablone zu arbeiten. Aus blauem Tonpapier oder Fotokarton können zusätzlich kleine Teiche geschnitten werden. Die Wellen mit dunkelblauem Filzstift andeuten. So können sich die Frösche im Trockenschwimmen üben ...

Bärenstark

Ich bin ein dicker Tanzbär und komme aus dem Wald. Ich such' mir eine Freundin und finde sie schon bald.

So wird's gemacht

Die Bären von der Vorlage auf den Fotokarton übertragen und den Kindern beim Ausschneiden helfen.

Die Augen können von den Kindern alleine aufgemalt werden, bei der Schnauze ist manchmal die Hilfe eines Erwachsenen nötig.
Je nach Bedarf die Löcher mit der Lochzange anbringen, die Bären zusammenbinden (siehe Foto) und das Ganze als Fensterschmuck aufhängen.

Das wird gebraucht

- **brauner Fotokarton**
- **schwarzer Filzstift**
- **Schere**
- **brauner Faden**

Vorlage auf Seite 71

TIPP

Die Bären können in verschiedenen Größen geschnitten werden, als Mama-, Papa- und Babybär.

Kasperl Larifari

Tritratrullalla, der Kasperl ist schon wieder da.

Das wird gebraucht

- **selbsthaftende Fensterfolie in verschiedenen Farben**
- **Schere**

Vorlage auf Seite 72

So wird's gemacht

Diese farbige Fensterfolie haftet ohne Klebstoff auf allen glatten Flächen, z.B. auf Spiegeln und Fensterscheiben. Da sich die Folie schwerer als Papier schneiden lässt, ist beim Ausschneiden die Hilfe eines Erwachsenen notwendig. Die Kinder arbeiten aber gerne mit diesem Material, denn die Fenster sehen bunt dekoriert sehr schön aus.

Auf die weiße Papierrückseite der Folie nach Vorlage den Kasperl Larifari aufzeichnen und mit dem Kind zusammen ausschneiden. Ebenso verfahren Sie mit den bunten Bällen.

Die Folie vom Papier abziehen und an der Fensterscheibe anbringen. Der Vorteil der Fensterfolie ist, dass sie immer wieder abgezogen und neu angebracht werden kann.

Blumige Freuden

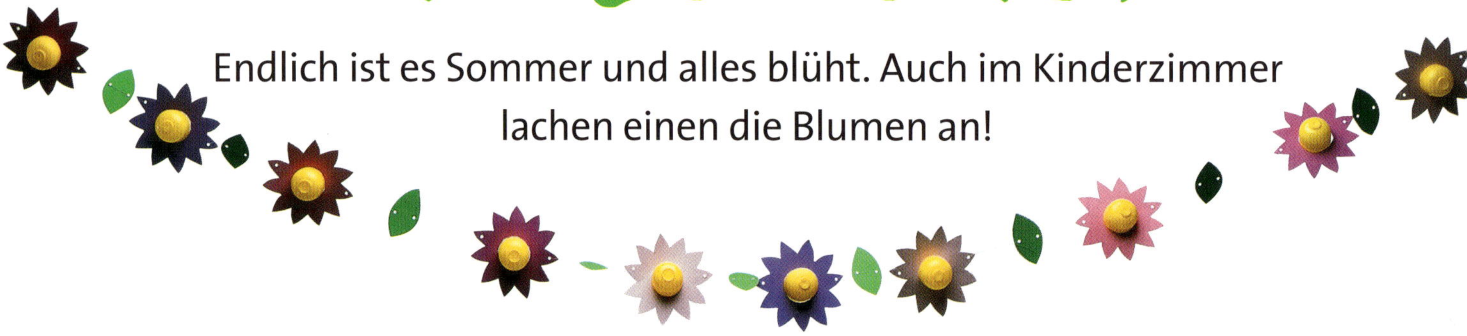

Endlich ist es Sommer und alles blüht. Auch im Kinderzimmer lachen einen die Blumen an!

So wird's gemacht

Die Blumen und die Blätter von der Vorlage auf den Fotokarton übertragen. Dabei auf eine harmonische Zusammenstellung der verschiedenen Farbtöne achten.

Mit dem Bastelmesser (Cutter) den Innenkreis herausschneiden, die Blüte über das gelbe Plastikei schieben und eventuell mit etwas Flüssigkleber fixieren.

Blüten- sowie Laubblätter mit Löchern versehen und durch diese den Nylonfaden ziehen. Der Nylonfaden muss nach jedem Vorgang, d.h. nachdem er von der Blüte durch das Blatt und danach in die nächste Blüte gefädelt worden ist, abgeschnitten und verknotet werden. Bei den beiden Außenblüten ebenfalls Löcher zwicken und ein Stück Nylonfaden zum Aufhängen anbringen.

Die Ausschneidearbeiten mit der Schere können die Kinder übernehmen, das Ausschneiden mit dem Cutter sollte ein Erwachsener erledigen.

Das wird gebraucht

- **gelbe Plastikeier aus dem Überraschungsei**
- **Fotokarton in Grün und weiteren Farbtönen**
- **Bastelmesser**
- **Lochzange**
- **Nylonfaden**
- **Schere**
- **evtl. Flüssigkleber**

Vorlage auf Seite 71

Schlingel-Schlangel ...

... wer kriecht denn da durchs Gras?

Das wird gebraucht

- **Weinkorken**
- **Fotokarton**
- **rotes Tonpapier**
- **schwarze Knöpfe oder schwarzes Tonpapier**
- **Schere**
- **Klebstoff**

So wird's gemacht

Je nach gewünschter Schlangenlänge einen Streifen in Korkenbreite von dem Fotokarton abschneiden. Dies schaffen die Kinder alleine, da es keine Rolle spielt, ob der Streifen ganz gerade ist.

Die Kinder tragen auf der gesamten Länge des Streifens dick den Klebstoff auf und reihen Korken an Korken.

Zwei große Knöpfe dienen als Augen. Falls keine Knöpfe vorhanden sind, aus schwarzem Tonpapier Kreise schneiden und als Augen aufkleben.

Die Zunge in beliebiger Form aus rotem Tonpapier schneiden und vorne am Kopf anbringen.

TIPP

Darauf achten, dass die Korken immer aneinander stoßen, sonst knickt die Schlange an den unbedeckten Stellen ab. Zur Stabilisierung kann abschließend zwischen alle Korken noch Klebstoff »gefüllt« werden.

Drachenflug

Endlich sind die wilden Herbstwinde da und die Drachen können wieder durch die Lüfte fliegen!

Das wird gebraucht

- Wellpappe in einer hellen Farbe
- Krepppapier in bunten Farben
- Kulleraugen
- Tonpapier
- Schere
- Klebstoff
- Tacker
- Nylonfaden

Vorlage auf Seite 72

So wird's gemacht

Die Drachenform von der Vorlage auf die glatte Seite der Wellpappe übertragen. Beim Ausschneiden benötigen die Kinder meist Hilfe von einem Erwachsenen, genauso wie beim Schneiden der Krepppapierstreifen. Die Farbauswahl bleibt jedoch den Kindern überlassen.

Aus dem Krepppapier Streifen in zwei verschiedenen Längen schneiden, kurze Streifen für die Seiten, etwas längere Streifen für den Schweif. Je mehr Farben vorhanden sind, desto dekorativer wirkt die Arbeit.

Die Kinder können nun die Kulleraugen auf der Rückseite mit Klebstoff bestreichen und mit ein wenig Hilfe auf dem Drachen platzieren. Nase und Mund auf dem Tonpapier vormalen und von den Kindern ausschneiden lassen. Ebenfalls auf das Drachengesicht kleben.
Die bunten Krepppapierstreifen mit dem Tacker auf den Seiten und unten als Schweif anbringen.

An der oberen Spitze mit der Lochzange ein Loch zwicken und den Nylonfaden durchziehen.

TIPP

Soll der Drachen größer sein, müssen die Krepppapierstreifen länger und eventuell breiter geschnitten werden. Wenn kein Tacker vorhanden ist, werden mit dem Locher Löcher ausgestanzt, durch die die Papierstreifen hindurchgezogen werden.

Schnuffel mit den spitzen Stacheln

Igele, Igele, schau doch ins Spiegele, deine Beine sind krumm.

So wird's gemacht

Die Kinder kneten zunächst einen Ball oder eine Kugel aus lufttrocknender Modelliermasse und formen auf einer Seite das Schnäuzchen des Igels.

Die Zahnstocher werden dann in beliebiger Anzahl in den Rücken gesteckt. Als Augen dienen zwei Perlen oder Knöpfe, die in die Knetmasse gedrückt werden.
Den Igel einige Tage stehen lassen, damit die Masse gut aushärten kann. Der Igel kann dann auf buntes Herbstlaub gesetzt werden.

Das wird gebraucht

- **weiße, lufttrocknende Modelliermasse**
- **Zahnstocher**
- **Perlen oder Knöpfe für die Augen**

TIPP

Für das Formen der Schnauze die Knetmasse auf einer Seite zwischen dem Daumen und dem Zeigefinger leicht zusammendrücken. Manche Kinder brauchen dabei ein wenig Hilfe.

Eule Hedwig

Schuhuuu, in der Nacht komme ich aus meinem Versteck und dann gehe ich auf Mäusejagd.

Das wird gebraucht

- Moosgummi in Gelb und in verschiedenen Brauntönen
- Kugelschreiber
- Kulleraugen
- Schere
- Klebstoff
- Lochzange
- Nylonfaden

Vorlage auf Seite 73

So wird's gemacht

Die Eule von der Vorlage auf Moosgummi übertragen. Mit den Kindern zusammen ausschneiden.

Die Augen aus gelbem Moosgummi, den Schnabel und das Kopfgefieder aus braunem Moosgummi herstellen. Für das Körper- und Flügelgefieder kleine Ovale aus verschiedenen Brauntönen schneiden.

Diese Arbeit sollte ein Erwachsener übernehmen. Beim Aufkleben der Ovale brauchen die Kinder etwas Hilfe. Auf die gelben Augen werden große Kulleraugen geklebt.

Zum Schluss mit der Lochzange ein Loch ausstanzen und den Nylonfaden als Aufhänger durchziehen.

TIPP

Wenn man für das Flügelgefieder dickeres Moosgummi verwendet, dann wirkt dieses aufgeplustert.

Mond-und-Sterne-Mobile

Die Tage werden kürzer. Nun funkeln Mond und Sterne wieder etwas länger am Nachthimmel.

Das wird gebraucht

- gelber Fotokarton
- Pappe
- Schere
- Lochzange
- Nylonfaden

Vorlage auf Seite 74

So wird's gemacht

Den Mond von der Vorlage auf gelben Fotokarton übertragen. Den Stern zunächst von der Vorlage auf Pappe und anschließend so oft, wie gewünscht wird, auf gelben Fotokarton zeichnen. Mit den Kindern zusammen den Mond und die Sterne ausschneiden.

In jeweils zwei gegenüberliegenden Sternstrahlen Löcher anbringen und die Sterne mit dem Nylonfaden verbinden. Das Knüpfen der Knoten muss ein Erwachsener erledigen.

An der Unterseite des Mondes ein oder zwei Löcher mit der Lochzange ausstanzen und die Sternenkette(n) fixieren.

TIPP

Sterne und Mond können auch aus gelber Fensterfolie hergestellt und zur Dekoration auf Glas verwendet werden.

Geisterstunde

Wenn es draußen dunkel wird, wachen wir langsam auf. Denn bald wird dann die Geisterstunde schlagen.

Das wird gebraucht

- weißer Moosgummi
- Kugelschreiber
- wasserfester schwarzer Filzstift oder Kulleraugen
- Schere
- Lochzange
- Nylonfaden

Vorlage auf Seite 75

So wird's gemacht

Die Gespensterform von der Vorlage auf Moosgummi übertragen. Auf dem Moosgummi lässt es sich am besten mit Kugelschreiber oder wasserfestem Filzstift malen. Das Gespenst schneiden die Kinder alleine aus. Eventuell etwas Hilfestellung geben.

Es können entweder große Kulleraugen aufgeklebt oder mit einem schwarzen Filzstift die Augen aufgemalt werden.
Zum Schluss mit der Lochzange ein Loch ausstanzen und den Nylonfaden als Aufhänger durchziehen.

TIPP

Das Gespenst kann als Einladungskarte zu einer Halloweenparty verwendet werden, indem man die Vorlage statt auf Moosgummi auf weißes oder schwarzes Tonpapier überträgt und beschriftet.

Spinne

Spinnen gibt es in allen Winkeln und Ecken. Aber richtige Spinnenfamilien nur in alten Burgen und Schlössern.

Das wird gebraucht

- 2 Holzkugeln, 2 und 4 cm Ø
- schwarzer Filzstift
- Nylonfaden
- braune oder schwarze Pfeifenputzer (Chenilledraht)

So wird's gemacht

Die Kinder malen mit schwarzem Filzstift ein Gesicht auf die kleine Holzkugel, die den Spinnenkopf darstellt.

Die große Holzkugel bildet den Spinnenkörper. Durch die große Holzkugel ein langes Stück Nylonfaden ziehen, beide Enden zusammenfassen und diese durch die kleine Holzkugel fädeln und verknoten. Das Durchfädeln des Fadens schaffen die Kinder alleine, den Knoten muss ein Erwachsener knüpfen.

Vier etwa gleich lange Pfeifenputzerstücke durch das Loch der dicken Holzkugel schieben und zu Spinnenbeinen verbiegen.

TIPP

In das Loch der kleinen Holzkugel ein Stückchen Pfeifenputzer kleben, damit der Faden nicht herausrutschen kann.

Das Kürbisgespenst

Kürbisse haben schon längst eine erfolgreiche Laufbahn als Geister angetreten.

Das wird gebraucht

- orangefarbener Fotokarton
- gelbe Papierschnipsel (Sizzle-Papier)
- brauner Filzstift
- Schere
- Cutter
- Klebstoff
- Lochzange
- Nylonfaden

Vorlage auf Seite 73

So wird's gemacht

Den Kürbis von der Vorlage auf Fotokarton übertragen. Dann zusammen mit den Kindern ausschneiden. Augen, Nase und Mund schneidet ein Erwachsener mit dem Cutter aus. Die Kinder können das Gesicht jedoch auch aufmalen.

Als Nächstes mit braunem Filzstift Strukturen zeichnen. Das »Kraut« auf dem Kopf bilden gelbe Papierschnipsel. Wenn Sie rechts und links in den Kürbis ein Loch stanzen und mit dem Nylonfaden jeweils zwei Kürbisse zusammenbinden, entsteht eine hübsche Girlande.

TIPP

Kleben Sie hinter Augen, Nase und Mund helles Transparentpapier und schon können Sie den Kürbis als Fensterbild verwenden.

Hex, hex, hex!

Ein Uhr hat's geschlagen, doch die Hexe ist noch nicht da – sie muss erst noch gebastelt werden ...

Das wird gebraucht

- weißer und brauner Fotokarton
- Buntstifte
- Bast
- Schere
- Cutter
- Klebstoff
- Lochzange
- Nylonfaden

Vorlage auf Seite 75

So wird's gemacht

Die Hexenvorlage auf weißen Fotokarton übertragen. Helfen Sie den Kindern eventuell beim Ausschneiden. Den Freiraum zwischen den Füßen vorsichtig mit dem Cutter ausschneiden.

Als Nächstes malen die Kinder die Hexe nach Belieben auf beiden Seiten an.

Der Besenstiel wird aus braunem Fotokarton gefertigt. Dafür einen etwa 1 cm breiten und 20 cm langen Streifen von den Kindern ausschneiden lassen. Es spielt keine Rolle, ob der Besenstiel gerade geschnitten ist. Einige Bastschnüre gleich lang abschneiden, an ein Ende des Besenstiels etwas Klebstoff tupfen und den Bast daran befestigen. Dabei wird die Hilfe eines Erwachsenen benötigt. Den Besen an den Armen und am Rockzipfel der Hexe mit etwas Klebstoff fixieren.

Mit der Lochzange ein Loch ausstanzen und den Nylonfaden als Aufhänger durchziehen.

TIPP

Die Konturen des Kopftuches, der Ärmel, der Schürze und der Schuhe fest durchdrücken, dann sind die Linien auf der Rückseite gut zu sehen. Dadurch wird das Anmalen der Hexe erleichtert.

Die Hausgeister

Hausgeister gibt es nicht nur im Märchen. Auch heute noch kann man ihnen begegnen. Man muss nur genau in die Fenster der Häuser schauen ...

Das wird gebraucht

- **weiße und schwarze Fensterfolie**
- **Schere**

Vorlage auf Seite 75

So wird's gemacht

Die Gespenster von der Vorlage auf die Rückseite der Fensterfolie übertragen und mit den Kindern zusammen ausschneiden.

Beim weißen Gespenst werden die Augen und der Mund aus schwarzer Fensterfolie, beim schwarzen Gespenst aus weißer Fensterfolie nach Belieben ausgeschnitten.

TIPP

Viele bunte Gespenster ergeben eine hübsche Fensterdekoration.

Tierische Vampire

Fledermäuse hängen normalerweise an den Bäumen und fliegen nachts herum. Manchmal werden sie aber auch zu kleinen Vampiren.

Das wird gebraucht

- Klopapierrolle
- schwarze und weiße Abtönfarbe
- Pinsel
- evtl. schwarzes Tonpapier
- schwarzer Fotokarton
- Kulleraugen
- Schere
- Klebstoff
- Lochzange
- Nylonfaden

Vorlage auf Seite 74

So wird's gemacht

Die Klopapierrolle mit schwarzer Abtönfarbe innen und außen bemalen oder die Rolle mit schwarzem Tonpapier überziehen. Die Kinder können die Rolle alleine anmalen. Für das Überziehen mit Tonpapier ist die Hilfe eines Erwachsenen nötig.

Bis die Farbe getrocknet ist, die Flügel und die Fledermausohren von der Vorlage auf den Fotokarton übertragen. Mit den Kindern zusammen Ohren und Flügel ausschneiden und auf der Rückseite der Rolle ankleben.
Die Kulleraugen aufkleben, den Mund mit weißer Farbe aufmalen. Letzteres bringen die Kinder alleine fertig.

Zum Schluss mit der Lochzange zwei Löcher ausstanzen und den Nylonfaden als Aufhänger durchziehen.

Schüttelkarte

Mit dieser Karte können Grüße verschickt werden, die es in sich haben.

Das wird gebraucht

- Schüttelkarte
- Decorlack in Silber
- Pinsel
- Tonpapier in Weiß, Grün, Schwarz und Rot
- Fotokarton in Blau
- Paillettensterne
- Watte
- Styroporkugeln
- Schere
- Flüssigklebstoff

Vorlage auf Seite 78

So wird's gemacht

Die Vorder- und Rückseite der Klappkarte mit silberfarbenem Decorlack anmalen. Das können die Kinder alleine. Für die Rückseite der Karte blauen Fotokarton nehmen.

Tannenbaum und Schneemann von der Vorlage auf das grüne bzw. weiße Tonpapier übertragen und mit den Kindern zusammen ausschneiden. Der Tannenbaum wird mit kleinen Paillettensternen verziert, der Schneemann wird komplett mit Klebstoff bestrichen und mit Watte beklebt.

Dabei den Kindern etwas helfen. Aus schwarzem Tonpapier Hut, Augen, Mund und Knöpfe, aus rotem Tonpapier die Nase in Karottenform zuschneiden und alles auf dem Schneemann platzieren.

Tannenbaum und Schneemann an der gewünschten Stelle fixieren, den Himmel mit Paillettensternen bekleben.

Die Klarsichtfolie von innen an das Vorderteil der Karte kleben, den Schaumgummi befestigen, die Styroporkugeln einfüllen und den Hintergrund mit Klebstoff fixieren.

TIPP

Wenn alle Teile zusammengeklebt sind, ein Buch auf die Karte legen und diese gut trocknen lassen. Sie brauchen so die Karte nicht mit den Händen zusammenzudrücken, bis sich die Teile fest miteinander verbunden haben.

Glitzernder Fensterschmuck

So schön sehen weihnachtlich geschmückte Fenster aus. Und dabei ist dieser Schmuck ganz schnell gemacht.

Das wird gebraucht

- selbstklebende Einbandfolie (Schreibwarenhandel)
- Glittersterne in verschiedenen Farben und Größen
- Nylonfaden
- Lochzange

Vorlage auf Seite 77

So wird's gemacht

Stern und Kreis nach Vorlage je zweimal auf die Rückseite der Einbandfolie übertragen. Die Formen mit den Kindern zusammen ausschneiden. Anschließend von einer Form das Schutzpapier abziehen und diese nach Belieben mit den Glittersternen dekorieren.
Für Kinder ist es meist einfacher, die Sterne aufzustreuen, sonst bleiben sie mit den Fingern leicht an der Folie kleben.

Dann von der zweiten Form das Schutzpapier abziehen und deckungsgleich auf die bereits dekorierte Folie legen. Wenn die beiden Formen nicht ganz genau aufeinander liegen, die Ränder durch Nachschneiden korrigieren.

Mit der Lochzange ein Loch anbringen und den Nylonfaden durchziehen. Mehrere aneinander gehängte Formen wirken als Mobile am Fenster oder als Raumdekoration sehr attraktiv.

Sternen-wolke

Statt Schneeflocken oder Regentropfen fallen aus dieser Wolke goldene Sterne.

Das wird gebraucht

- Fotokarton in Blau
- Goldfolie
- Bindfaden in Blau
- evtl. Klebesterne
- Schere
- Papierklebstoff

Vorlage auf Seite 77

So wird's gemacht

Die Wolke zweimal von der Vorlage auf blauen Fotokarton übertragen und das Motiv von den Kindern ausschneiden lassen.

Auf den unteren Teil der ersten Wolke Papierklebstoff auftragen und drei blaue Bindfäden fixieren, die nach unten hängen.
Am oberen Teil der Wolke eine Bindfadenschlaufe anbringen. Die Rückseite der Wolke mit Papierklebstoff bestreichen und die zweite Wolke deckungsgleich auf die erste legen und andrücken.
Vor dem Auftragen des Klebers die beiden Wolken aufeinander legen und überstehende Kanten abschneiden.

Die Sterne bestehen ebenfalls aus zwei Teilen. Jeweils einen Stern mit Papierklebstoff bestreichen, den Bindfaden darauf legen und den zweiten Stern deckungsgleich darüber legen.

Die Wolke wird abschließend mit fertigen oder selbst ausgeschnittenen Sternchen beklebt.

TIPP

Die Wolke von beiden Seiten mit Sternen dekorieren, dann kann die Wolke als Fenster- oder Raumschmuck benutzt werden.

Vogelhäuschen im Schnee

Gut, dass die Kinder im Winter an uns denken und uns mit Futter versorgen. Bei so viel Schnee wäre nichts zu finden.

Das wird gebraucht

- **brauner Fotokarton**
- **Transparentpapier oder Strohseide in verschiedenen Farben**
- **Watte**
- **Lochzange**
- **Klebstoff**
- **Schere**
- **Nylonfaden**

So wird's gemacht

Aus dem Fotokarton werden etwa 1 cm breite Streifen für das Vogelhäuschen geschnitten. Die Kinder können diese alleine zuschneiden. Es spielt keine Rolle, ob die einzelnen Streifen ganz gerade sind.

Sie benötigen drei etwa gleich lange Teile für den Boden und die Seitenwände sowie zwei gleich lange Teile für das Dach. Die Kinder können den Klebstoff an den Streifenenden später selbst aufbringen, es sollte ihnen nur gezeigt werden, wie die einzelnen Teile dann platziert und zusammengefügt werden.

Für die Vögel werden etwa 10 x 10 cm große Quadrate aus Transparentpapier oder Strohseide vorbereitet. Die Anzahl der Vögel bleibt dem Geschmack der Kinder überlassen, die bei den nun folgenden Faltungen ein wenig Hilfe benötigen:

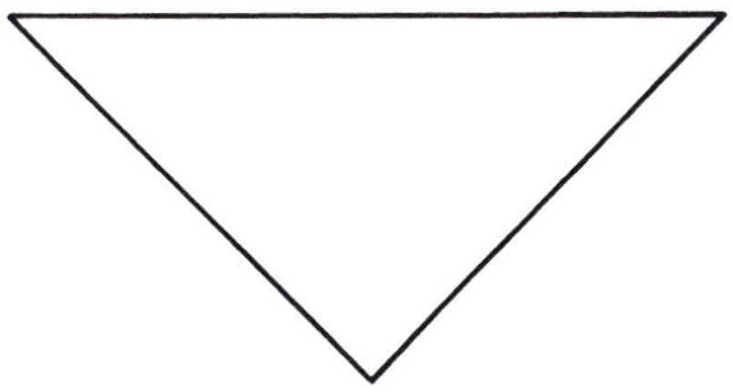

Das Quadrat zum Kopftuch Ecke auf Ecke legen, dann die Kante gut glatt streichen.

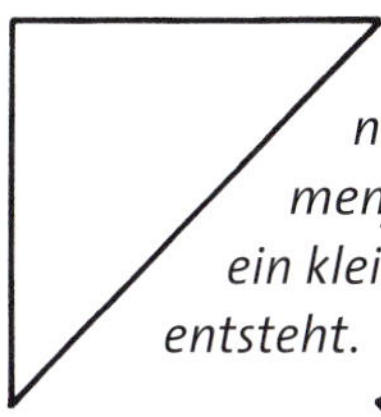

Die ganze Form noch einmal zusammenfalten, so dass ein kleineres Kopftuch entsteht.

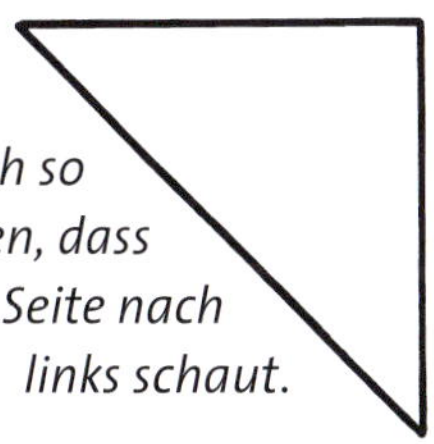

Das Kopftuch so hinlegen, dass die offene Seite nach links schaut.

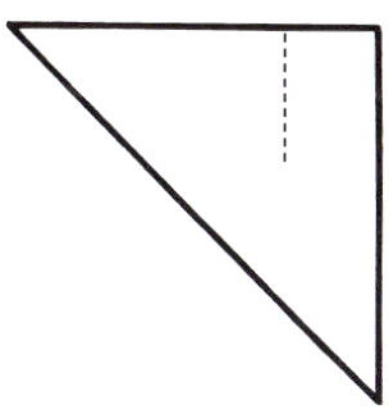

In der oberen Hälfte der linken Seite einen 2 bis 2,5 cm langen Schnitt anbringen.

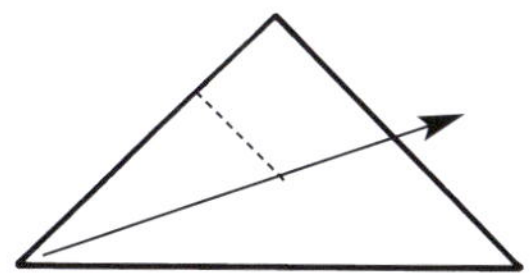

Das Kopftuch so hinlegen, dass der Schnitt auf der linken Seite liegt. Die beiden linken Ecken nach rechts oben klappen, eine oberhalb, die andere unterhalb des Körpers.

Jedem Vogel mit der Lochzange ein Auge stanzen, das Häuschen zusammenkleben (siehe Foto), die Watte und die Vögel am Häuschen festkleben. Oben an der Dachspitze ein Loch anbringen und den Nylonfaden als Aufhänger durchziehen.

Würziger Kerzenschein

Zu Weihnachten gehören nun einfach mal Kerzen. Und wenn die dann auch noch würzig duften ...

Das wird gebraucht

- Fotokarton in Gold und Silber
- evtl. Metallfolie
- Pappe
- verschiedene Gewürze, Körner und Kerne
- Teelicht
- Schere
- Klebstoff

Vorlage auf Seite 78

So wird's gemacht

Die Sternform von der Vorlage zunächst auf Pappe und diese Schablone dann je nach gewünschter Anzahl auf gold- oder silberfarbenen Fotokarton übertragen.

Falls kein entsprechender Fotokarton vorhanden ist, den Stern auf Pappe übertragen, diese Form anschließend auf Metallfolie kleben und ausschneiden. Die Kinder können den Stern alleine ausschneiden.

In die Mitte des Sterns das Teelicht platzieren und mit etwas Klebstoff befestigen. Nun den Stern noch mit verschiedenen würzig duftenden Teilen verzieren. Dazu etwas Klebstoff auf den Stern träufeln und mit Körnern, Kernen, Bohnen, Nelken usw. bestücken. Jüngere Kinder streuen die Gewürze auf, ältere Kinder legen Muster.

Funkelsterne

Diese Sterne funkeln in vielen Farben. Das Besondere an ihnen ist, dass in jedem großen Stern viele kleine Sterne leuchten.

TIPP

Die Sterne können nicht nur einfarbig, sondern auch mehrfarbig angefertigt werden. Oder probieren Sie doch einmal eine Ton-in-Ton-Zusammenstellung aus.

Das wird gebraucht

- **Metallfolie mit Sternendruck in verschiedenen Farben**
- **Schere**
- **Papierkleber**

So wird's gemacht

Mehrere Metallfolienstreifen etwa 1 cm breit und 12 cm lang zuschneiden. Die Kinder schaffen dies alleine, wenn die Linien vorgezeichnet sind.

Mit den Kindern zusammen jeden Streifen in der Mitte knicken. Auf den Knick tupfen die Kinder etwas Papierkleber.

Nun den ersten Streifen senkrecht auf den Tisch legen und den nächsten Streifen quer darüber platzieren. Die Kinder tragen an der »Kreuzung« wieder etwas Papierkleber auf und legen den nächsten Streifen auf.

Zeigen Sie den Kindern, in welche Richtung der Streifen liegen muss. Der Streifenstapel kann beliebig hoch werden.

Duftiger Schmuck

Dicht belegt mit Gewürzen, verströmt dieser Schmuck einen angenehmen Duft.

Das wird gebraucht

- verschiedene Gewürze und Körner
- Metallfolie in verschiedenen Farben
- dünne Pappe
- Schere
- Flüssigklebstoff
- Lochzange
- Geschenkbänder in verschiedenen Farben

Vorlagen auf den Seiten 78 und 79

So wird's gemacht

Die einzelnen Motive werden von der Vorlage auf dünne Pappe übertragen. Diese Formen werden nun auf Metallfolie geklebt und ausgeschnitten. Mit der Rückseite wird genauso verfahren.
Die Kinder tragen auf einer Seite des Anhängers reichlich Klebstoff auf und verzieren diese mit Körnern. Teilweise genügt es, die Gewürze und Körner zu streuen. Damit vermeiden die Kinder klebrige Finger.

Wenn der Klebstoff getrocknet ist, ein farblich passendes Geschenkband durch das ausgestanzte Loch ziehen.

Knusper, knusper, knäuschen …

Wem fällt beim Anblick dieses hübsch verzierten Hauses nicht gleich der Hexenspruch aus Hänsel und Gretel ein?

So wird's gemacht

Das Hexenhaus von der Vorlage auf den braunen Fotokarton übertragen. Die Kinder können die geraden Seiten alleine ausschneiden, bei den runden Teilen ist die Hilfe eines Erwachsenen nötig.

Die Türe und die Fenster von der Vorlage zunächst auf dünne Pappe und dann auf braunes Tonpapier übertragen. Die Lebkuchenfenster sehen besonders dekorativ aus, wenn sie in verschiedenen Brauntönen hergestellt werden. Für die Eiszapfen weißes Tonpapier verwenden. Die Eiszapfen in verschiedenen Größen anfertigen und, etwa 1 cm vom Dachrand entfernt, nebeneinander aufkleben.

Die Lebkuchenfenster sowie die Türe mit bunten Papierresten verzieren. An die Unterseite jedes Fensters eine Eiszapfenreihe kleben. Die dekorierten Fenster nach Belieben am Haus anbringen, das runde Fenster als Dachfenster verwenden.

Zum Schluss werden Türe, Fenster und Dach mit »Schnee« versehen. Dazu kleben die Kinder beliebig viel Watte auf.

Soll das Häuschen aufgehängt werden, ein Loch ausstanzen und durch dieses einen Nylonfaden ziehen.

TIPP

Falls kein weißes Tonpapier vorhanden ist, verwenden Sie Schreibmaschinen- bzw. Kopierpapier. Dieses ist dünner als Tonpapier. Sie können also mehrere Eiszapfen auf einmal ausschneiden.

Das wird gebraucht

- **Fotokarton in Braun**
- **Tonpapier in Weiß und in verschiedenen Brauntönen**
- **Pappe**
- **bunte Papierreste**
- **Watte**
- **Schere**
- **Flüssigkleber**
- **Lochzange**
- **Nylonfaden**

Vorlage auf Seite 79

Goldengel

Ob mit gelben Papierstreifen oder Engelshaar geschmückt, diese Himmelsboten sind überall willkommen.

Das wird gebraucht

- Goldfolie
- Pappe
- Walnussschalenhälften
- Sizzle-Papierstreifen in Gelb
- Engels- oder Feenhaar
- Pailletten
- Filzstifte
- Schere
- Papierklebstoff
- Flüssigklebstoff
- Goldschnur

Vorlage auf Seite 78

So wird's gemacht

Zunächst wird vom Engelskörper eine Schablone aus dünner Pappe hergestellt. Dann ein Stück Pappe auf der Vorder- und Rückseite mit Goldfolie bekleben und den Engel mit Hilfe der Schablone aufmalen. Mit den Kindern zusammen ausschneiden.
Anschließend tragen die Kinder auf den Rand der Walnusshälfte Flüssigklebstoff auf und kleben die Nuss als Gesicht auf den Körper.

Als Haare dienen Sizzle-Papierstreifen. Wenn ein Erwachsener mit am Tisch sitzt, kann statt der Papierstreifen auch Engels- oder Feenhaar verwendet werden. Der Umgang mit diesem Material ist nicht ganz einfach. Das Kleid des Engels wird mit Pailletten verziert, die von den Kindern nach Belieben aufgeklebt werden. Für Augen und Mund werden entweder ebenfalls Pailletten verwendet oder sie werden mit Filzstift aufgemalt.

Zum Schluss am Hinterkopf des Engels eine Goldschnur zum Aufhängen fixieren.

TIPP

Die Pailletten mit Papierkleber fixieren, denn mit Flüssigkleber verschmieren die Farben der Goldfolie und der Pailletten.

Strohhalmstern

Diese Strohsterne lassen jeden Tannenbaum zu einem echten Schmuckstück werden.

Das wird gebraucht

- **Metallfolie in verschiedenen Farben**
- **Pappe**
- **Strohhalme**
- **Schere**
- **Flüssigklebstoff**
- **Ringelband zum Aufhängen**

So wird's gemacht

Jeder Strohhalm wird mit dem Bügeleisen geplättet und in vier gleich lange Teile geschnitten (siehe hierzu auch Hinweis unter Material und Hilfsmittel auf Seite 6).

Einen Kreis aus Pappe als Schablone für alle weiteren Kreise vorbereiten. Aus der Metallfolie für jeden Stern zwei Kreise schneiden. Auf einen Kreis Flüssigklebstoff geben. Dabei nicht auf der Klebefläche herumreiben, sonst verfärbt sich die Folie. Nun werden die vorbereiteten Strohhalme reihum auf den Kreis gelegt. Die Halme können – je nach Geschmack – weiter auseinander liegen oder nahe beieinander. Beide Varianten sind dekorativ. Die Kinder ordnen die Strohhalme selbst auf dem Kreis an.

Bevor nun die obere Metallscheibe aufgeklebt wird, halbieren Sie ein Stück Ringelband der Länge nach und befestigen das eine Ende der zwei Hälften zwischen zwei Strohhalmen. Auf die Innenseite der zweiten Metallfolie etwas Flüssigklebstoff geben und diesen Kreis auf den Stern legen. Leicht andrücken, damit alles gut hält.
Den Stern einige Zeit zum Trocknen liegen lassen.

Grüße zur Weihnacht

Selbst gestaltete Karten finden in der Weihnachtszeit besonders viel Anklang.

So wird's gemacht

Aus dem weißen Fotokarton eine Klappkarte herstellen. Die Vorderseite der Karte von den Kindern mit Papierkleber bestreichen und Tonpapier, das bereits auf die Größe der Klappkarte zugeschnitten ist, aufkleben lassen.

Aus weißem Fotokarton Stern-, Herz- und Kerzenschablonen herstellen. Eine der Schablonen anschließend auf die Kartenoberseite legen.

Ein Erwachsener hält nun die Form fest und gibt etwas von dem Antikmetall auf ein Haushaltstuch.

Die Kinder verwischen um die Form herum das Antikmetall. Helfen Sie eventuell bei der ersten Form etwas mit.

Die Form verschieben oder eine andere Vorlage benutzen und den Vorgang wiederholen.

TIPP

Es gibt bereits fertige Klappkarten zu kaufen.

Die Farbe muss ganz trocken sein, bevor die Karte beschriftet wird.

Das wird gebraucht

- weißer Fotokarton
- Tonpapier in verschiedenen Farben
- Antikmetall in Gold, Silber und Kupfer
- Schere
- Papierkleber
- Haushaltstuch

Vorlage auf Seite 78

Christbaumschmuck

Am Schmuck entscheidet es sich – wer hat wohl den schönsten Weihnachtsbaum?

So wird's gemacht

Vom gewünschten Motiv nach Vorlage eine Schablone erstellen und auf Fotokarton übertragen. Mit den Kindern zusammen ausschneiden.

Das gleiche Motiv noch zweimal aus Goldfolie ausschneiden. Fotokarton hinten und vorne mit der Goldfolie bekleben, dabei einen Klebestift und keinen Flüssigkleber verwenden. Mit der Lochzange ein Loch für die Kordel anbringen. Achtung: Das Loch darf später nicht zugeklebt werden!

Die Kinder können nun den Rand der Form fingerbreit mit Flüssigklebstoff bestreichen und Bohnen, Erbsen, Linsen und anderes Material darauf festkleben. Sehr effektvoll wirken die Anhänger, wenn die gesamte Fläche dekoriert wird.

Die Kinder schaffen es auch ohne fremde Hilfe, die Fläche komplett mit Klebstoff zu bestreichen.

Ältere Kinder können die Formen auch mit Pailletten verzieren, wie es z.B. beim Engel (Foto links) gemacht wurde.

Das wird gebraucht

- **Goldfolie**
- **Pappe**
- **Fotokarton**
- **Bohnen, Erbsen, Linsen u.Ä.**
- **Pailletten oder kleine Perlen**
- **Gold- oder Silberkordel**
- **Flüssigklebstoff und Klebestift**
- **Schere**
- **Lochzange**

TIPP

Wenn die Kinder die Hülsenfrüchte oder Perlen einfach nur auf die Bastelarbeit streuen, kommen sie nicht mit dem Klebstoff in Berührung und die Verzierungen kleben nicht an ihren Fingern fest.

Außerdem kann der Fotokarton auch vor dem Ausschneiden beidseitig mit Goldfolie beklebt werden, das erspart das einzelne Ausschneiden der Formen.

Vorlagen auf den Seiten 76 und 77

Korkennikolaus

Dass sich unter diesen lustigen Nikoläusen ganz normale Weinkorken verstecken, sieht man ihnen nicht an, oder?!

Das wird gebraucht

- **Weinkorken**
- **Krepppapier in Rot**
- **Schreibmaschinen- bzw. Kopierpapier**
- **Filzstifte**
- **Watte**
- **Nylonfaden**
- **Schere**
- **Flüssigklebstoff**

So wird's gemacht

Aus Krepppapier einen Streifen schneiden, der etwa 2 cm breiter ist als der Korken und von der Länge her um den Korken passt.

Der Korken wird von den Kindern mit Klebstoff bestrichen, das Krepppapier darumgewickelt und an den Enden etwas festgedrückt. Das überstehende Krepppapier wird zu einer Spitze zusammengedreht.

Das Gesicht von der Vorlage auf weißes Papier übertragen und ausschneiden. Die Kinder malen auf das Gesicht Augen, Nase und Mund mit Filzstiften auf.

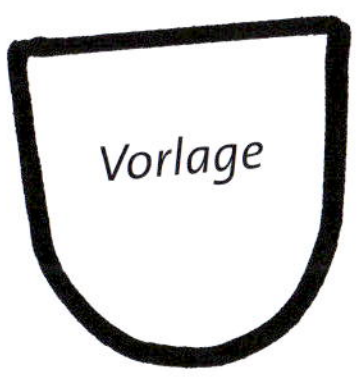

Anschließend drehen die Kinder aus Watte eine kleine Kugel und befestigen diese zusammen mit einem Stück Nylonfaden an der Mützenspitze. Der Faden wird dabei unter der Watte fixiert.

Oberhalb des Gesichtes rund um den Korken Klebstoff anbringen und einen dünnen Wattestreifen als Mützenrand anbringen. Das Gesicht wird außerdem noch von einem Wattebart umsäumt.

TIPP

Dieser Nikolaus kann als Adventsschmuck, Christbaum- oder Geschenkanhänger verwendet werden.

Oh Tannenbaum ...

Dieser Tannenbaum ist nicht nur sehr dekorativ, sondern er hat auch den Vorteil, dass er nicht nadelt und dass die auf ihm angebrachten Kerzen das Zimmer nicht in Brand setzen können.

Das wird gebraucht

- Filz in Grün und anderen Farben
- Pappe
- weißer Fotokarton
- Filzstift
- Schere
- Klebstoff

Vorlagen auf den Seiten 68, 78 und 79

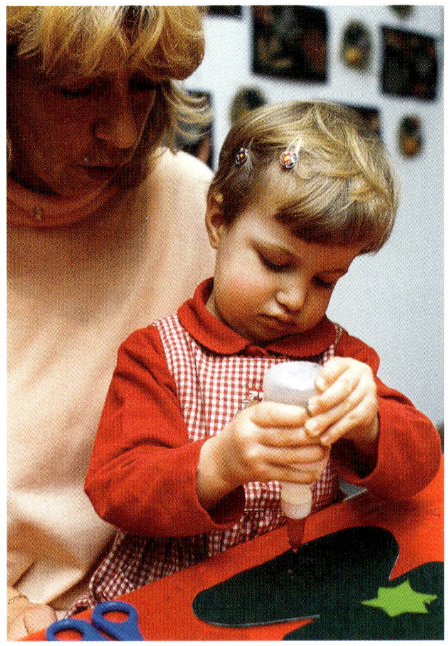

So wird's gemacht

Stern, Kerze, Herz und Komet von der Vorlage auf dünne Pappe übertragen, ebenso den Tannenbaum. Dieses dient nun als Schablone.

Der Tannenbaum wird aus weißem Fotokarton hergestellt, der auf der Vorder- und Rückseite mit grünem Filz beklebt und mit den Kindern zusammen ausgeschnitten wird.

Die Schablonenformen der Schmuckteile werden mit einem dünnen Filzstift auf den Filz übertragen und ebenfalls mit Hilfe eines Erwachsenen ausgeschnitten.
Die Kinder kleben die Motive alleine auf den Baum.

TIPP

Wenn sowohl die Vorder- als auch die Rückseite des Baumes mit Schmuckteilen beklebt wird, erhält man einen dekorativen Fensterschmuck. Die Kerze kann als Ganzes oder in zwei Teilen, Flamme und Kerzenrumpf, hergestellt werden.

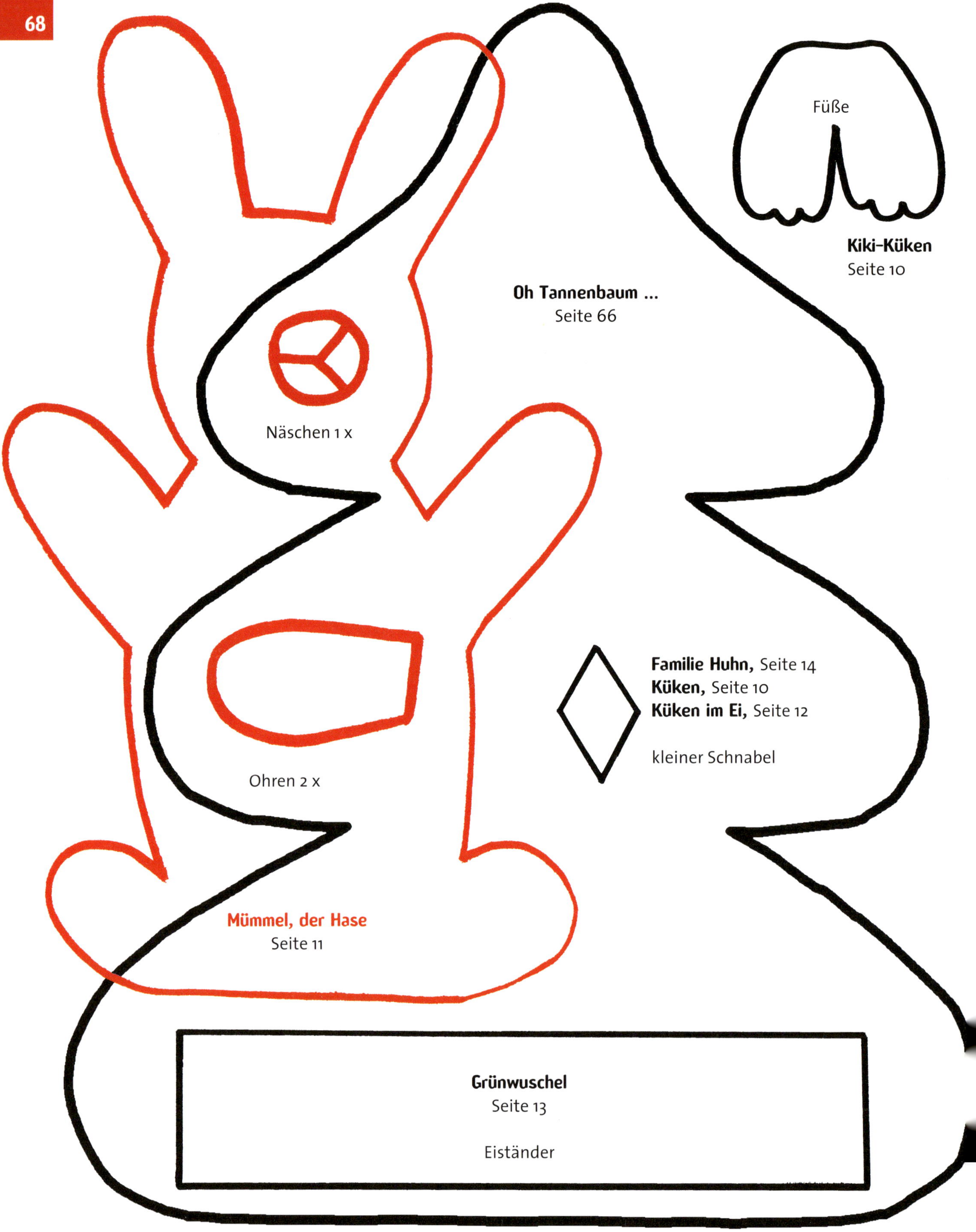
Füße
Kiki-Küken
Seite 10
Oh Tannenbaum …
Seite 66
Näschen 1 x
Familie Huhn, Seite 14
Küken, Seite 10
Küken im Ei, Seite 12
kleiner Schnabel
Ohren 2 x
Mümmel, der Hase
Seite 11
Grünwuschel
Seite 13
Eiständer

Kükennachwuchs
Seite 16

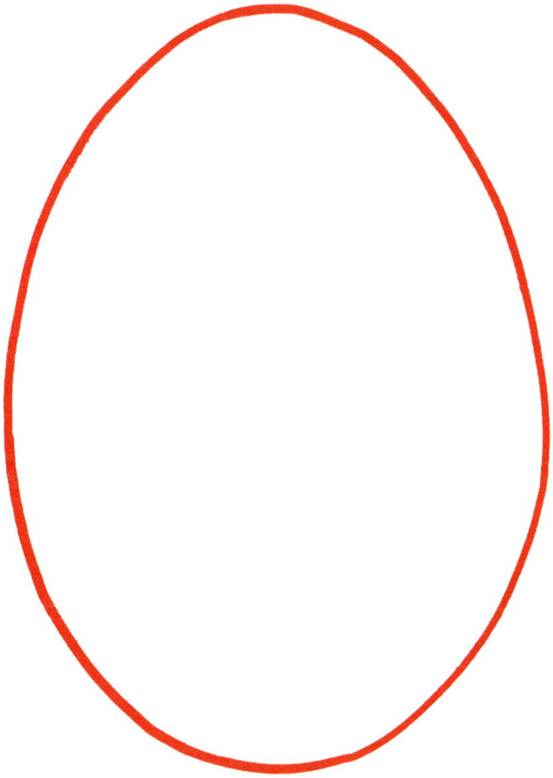

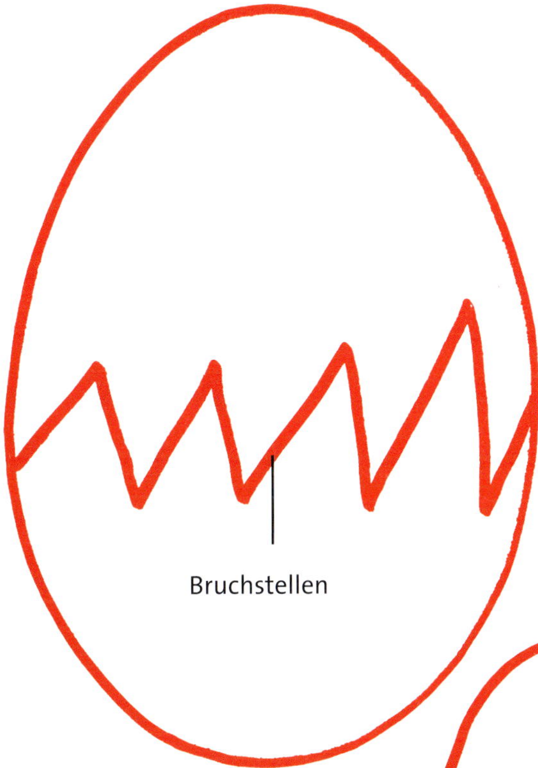

Schnabel

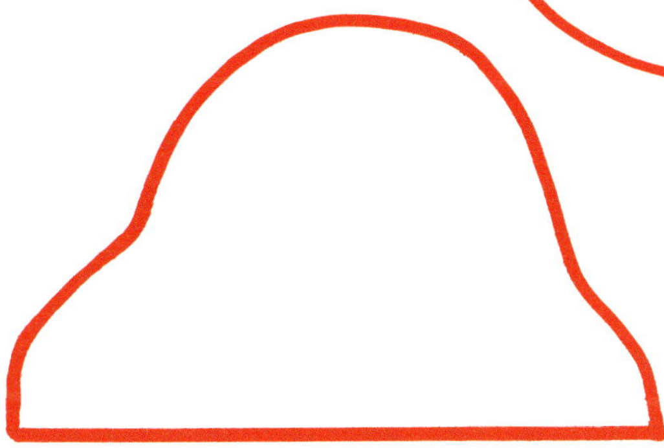

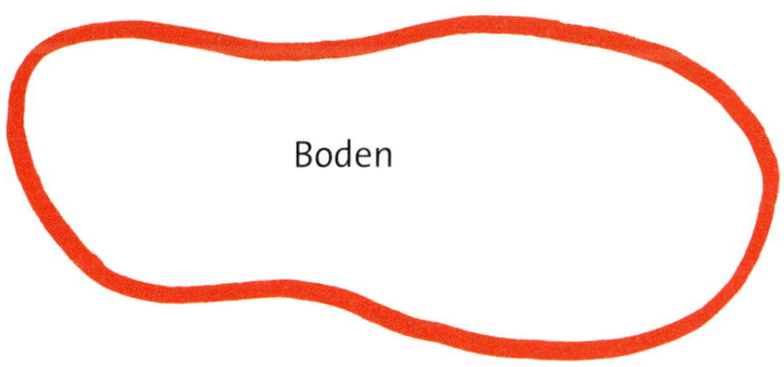

Familie Huhn
Seite 14

Kamm

an der gestrichelten Linie einschneiden, einen Teil nach rechts, den anderen Teil nach links klappen.

Familie Huhn
Seite 14

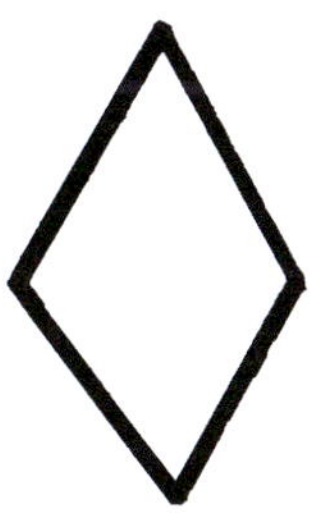

Familie Huhn, Seite 14
Fantasievögel, Seite 24

großer Schnabel

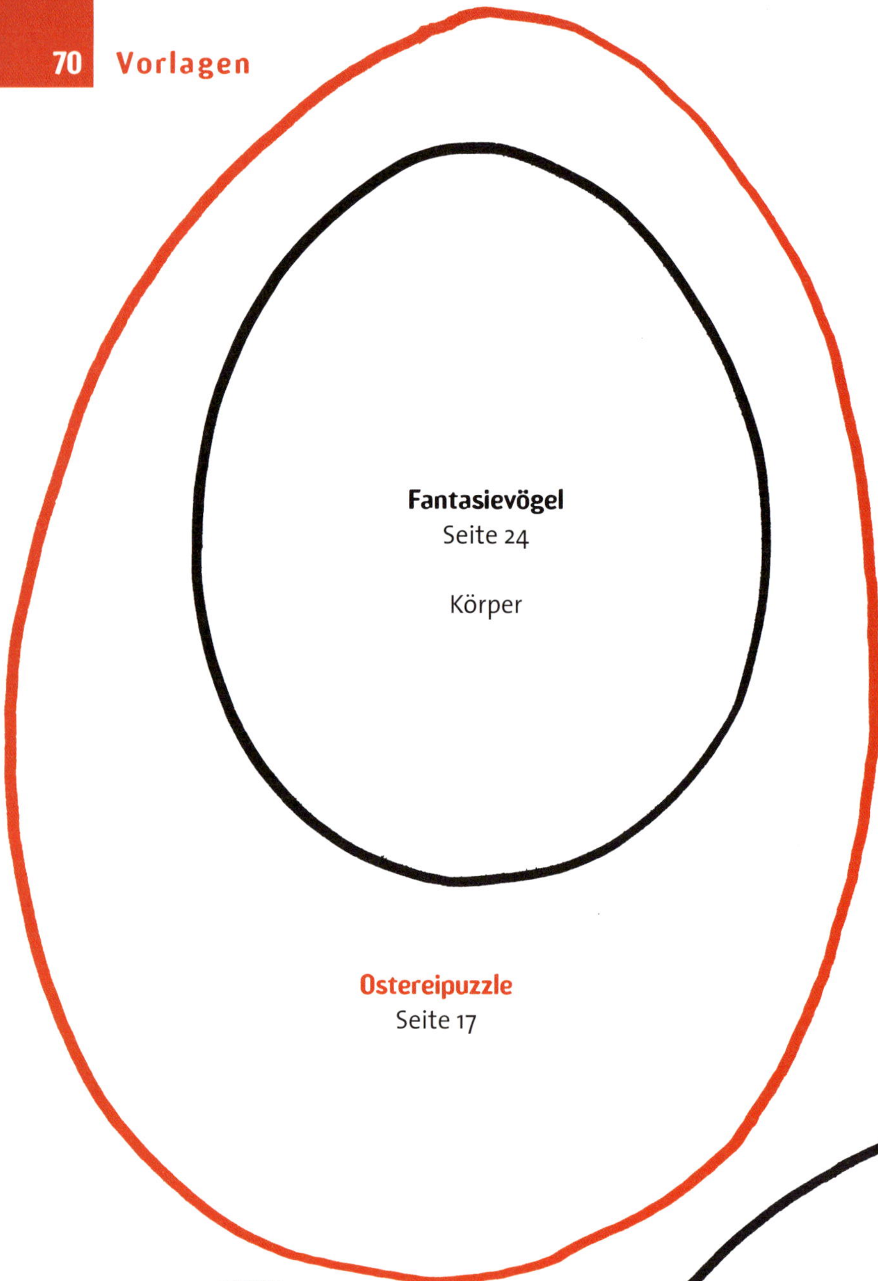
Fantasievögel
Seite 24
Körper
Ostereipuzzle
Seite 17

Froschfreude
Seite 25

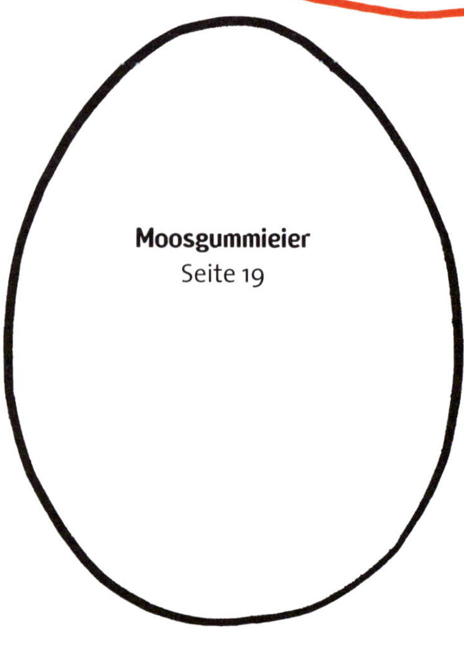
Moosgummieier
Seite 19

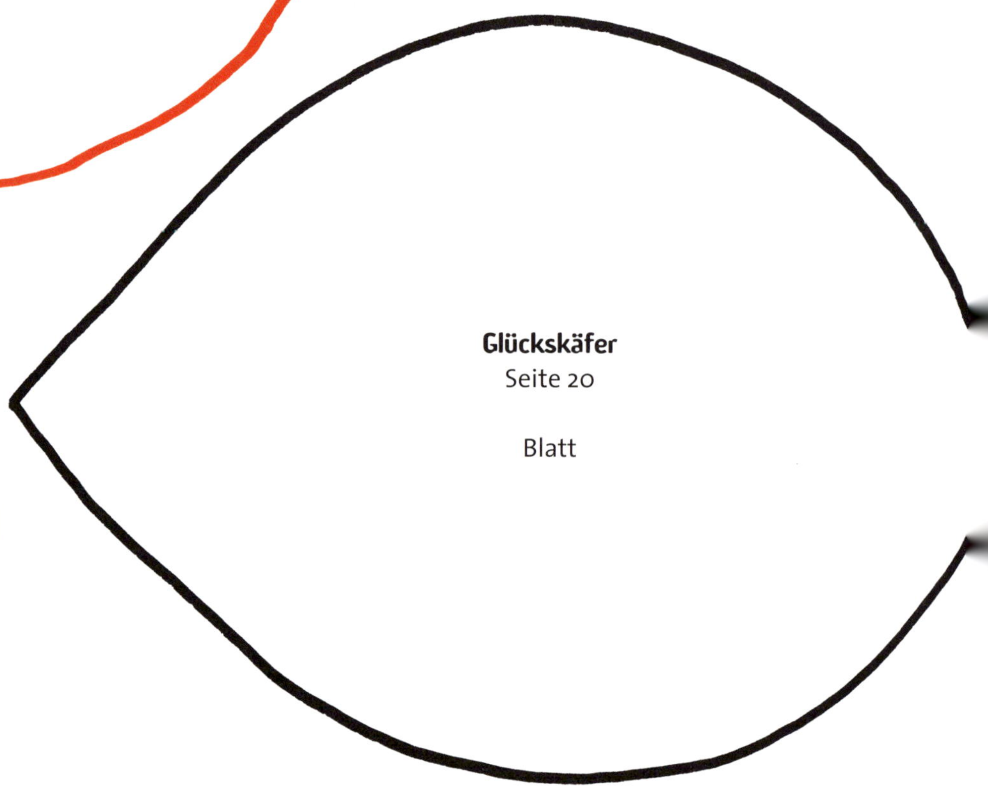
Glückskäfer
Seite 20
Blatt

Blumige Freuden
Seite 28

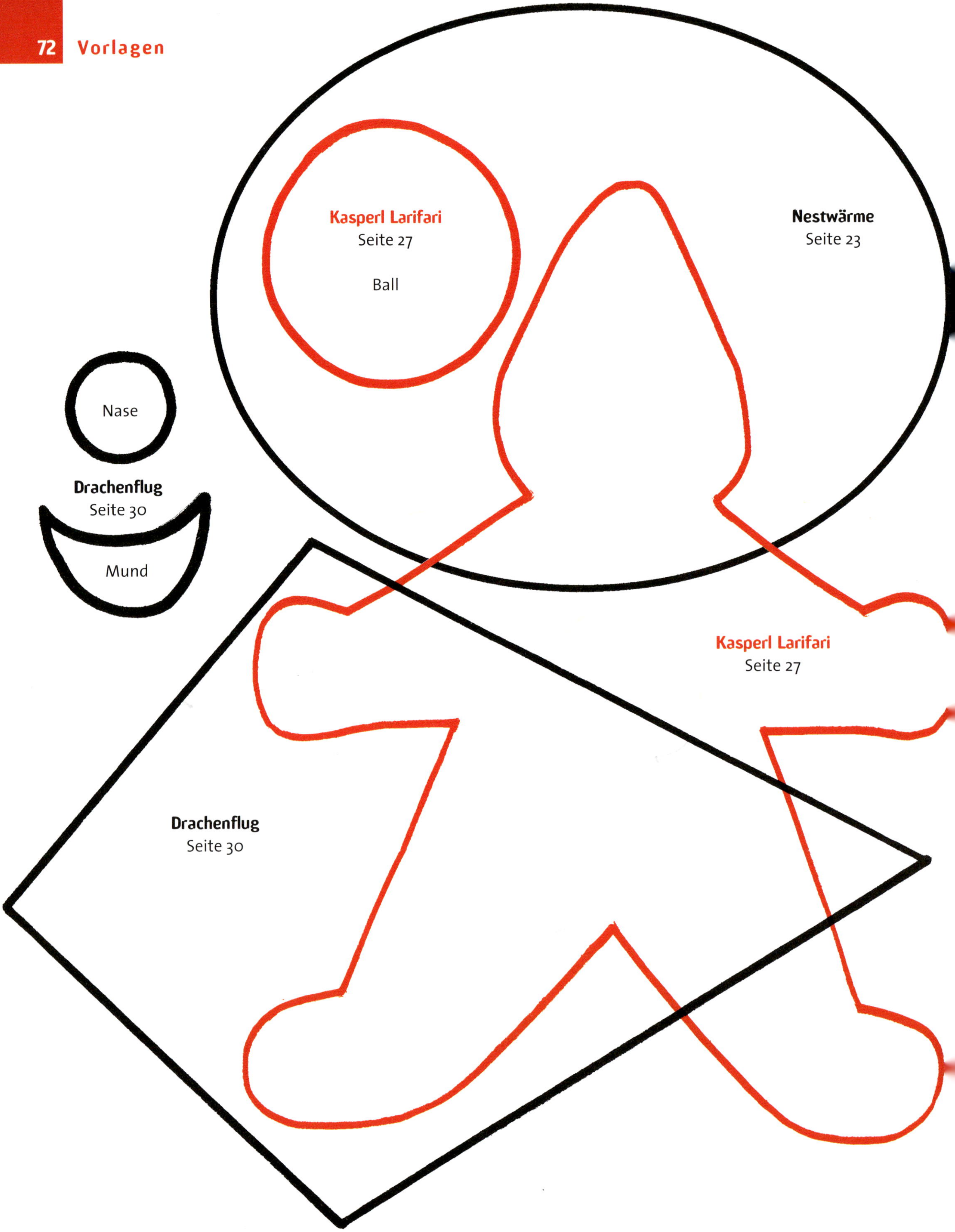
Kasperl Larifari
Seite 27
Ball
Nestwärme
Seite 23
Nase
Drachenflug
Seite 30
Mund
Kasperl Larifari
Seite 27
Drachenflug
Seite 30

Das Kürbisgespenst
Seite 40

Schraffierte Felder mit dem Bastelmesser herausschneiden

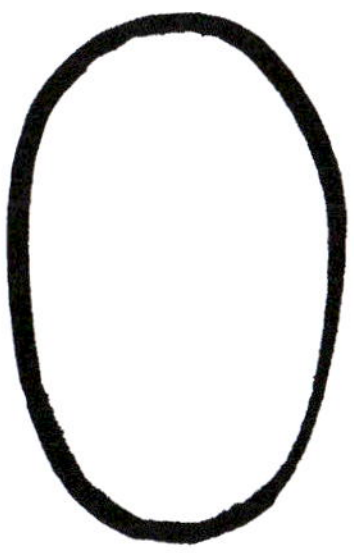

Auge

Eule Hedwig
Seite 34

Schnabel

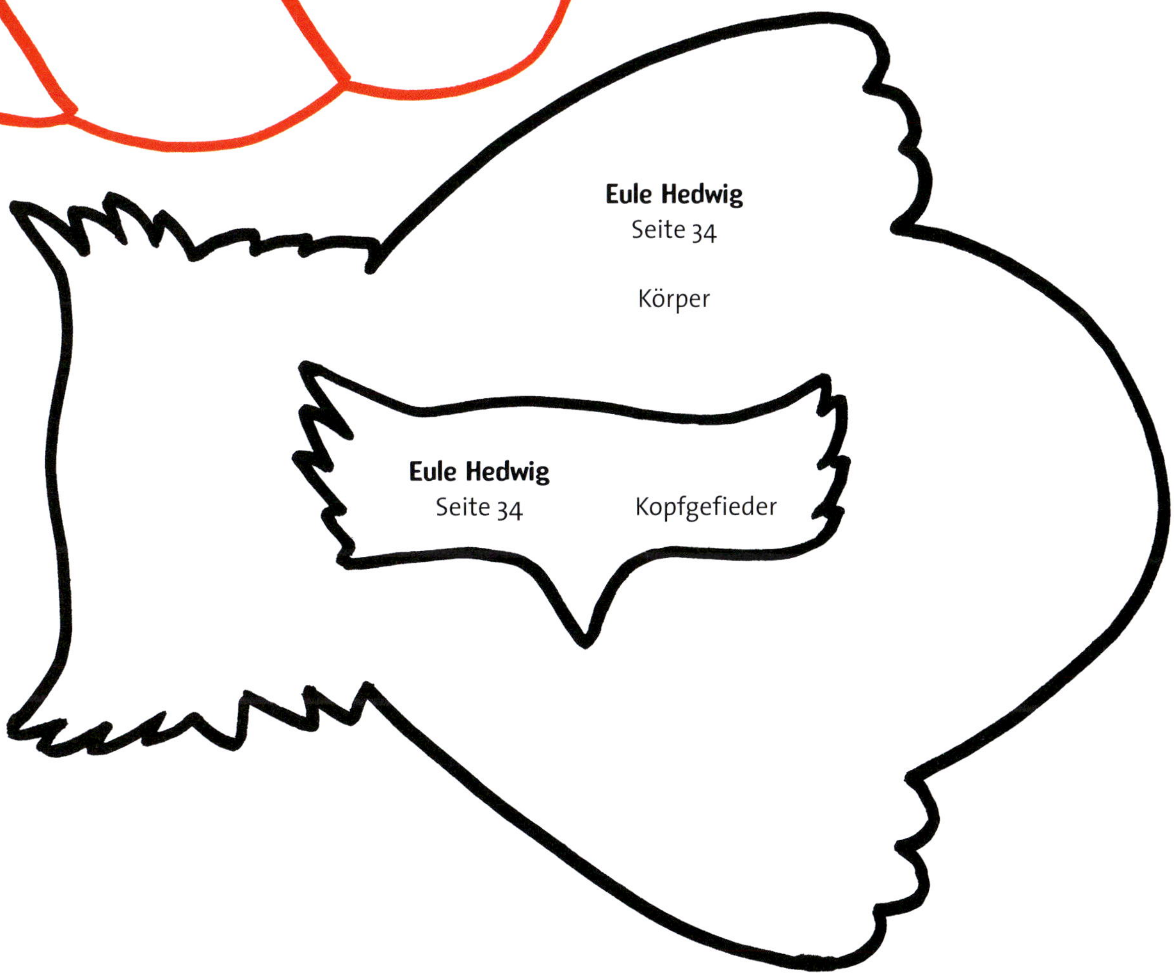

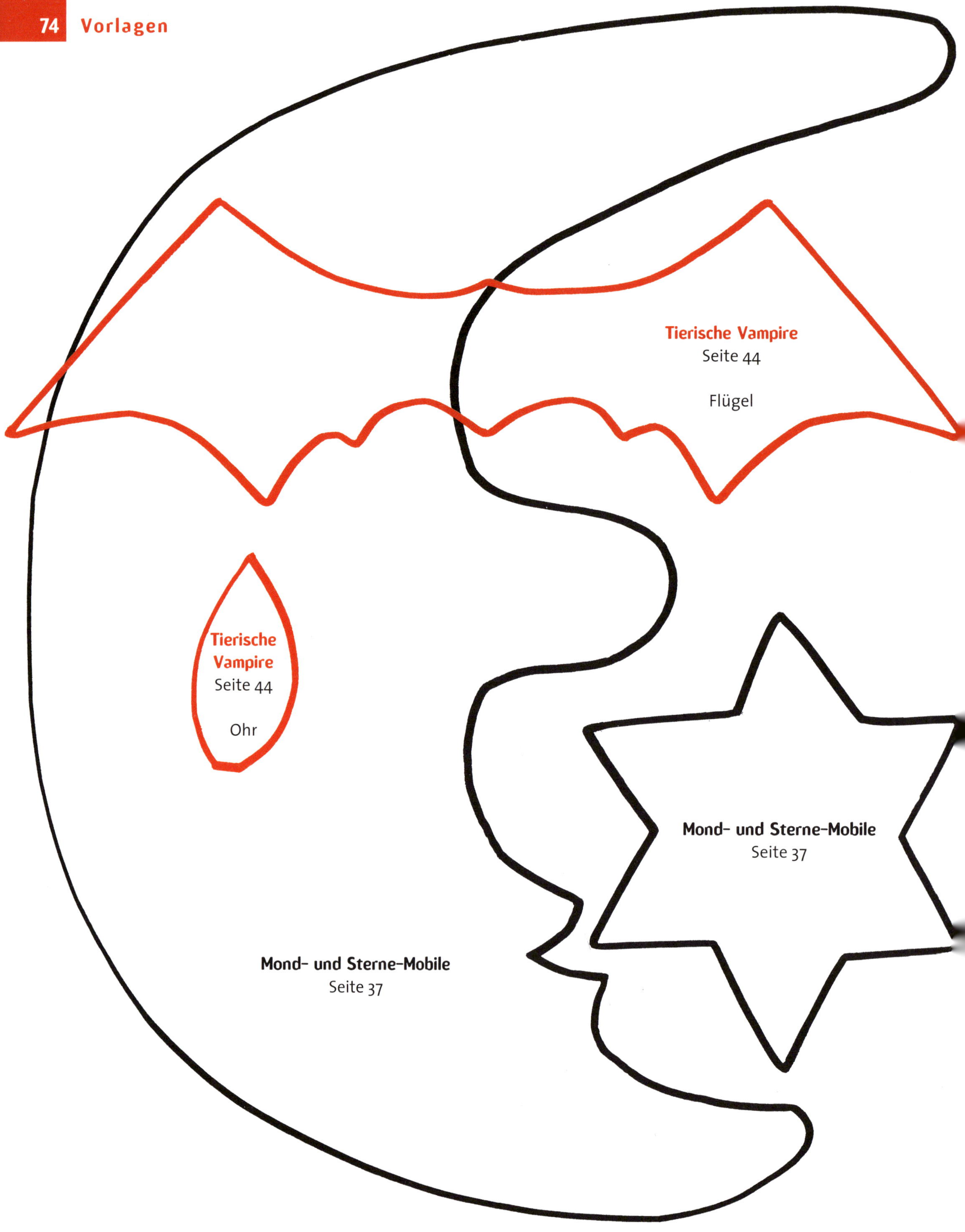
Tierische Vampire
Seite 44
Flügel
Tierische Vampire
Seite 44
Ohr
Mond- und Sterne-Mobile
Seite 37
Mond- und Sterne-Mobile
Seite 37

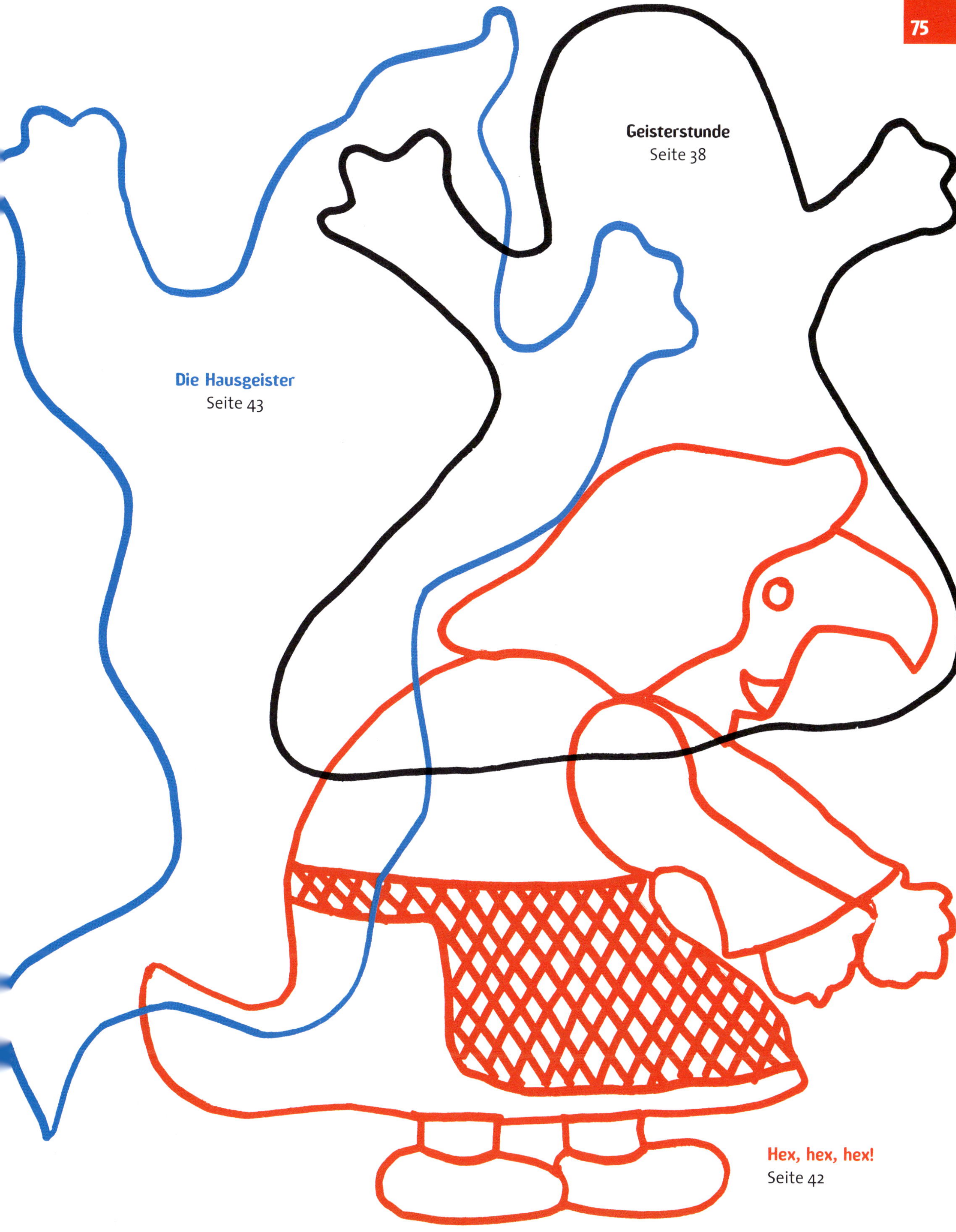
Geisterstunde
Seite 38
Die Hausgeister
Seite 43
Hex, hex, hex!
Seite 42

Christbaumschmuck
Seite 62

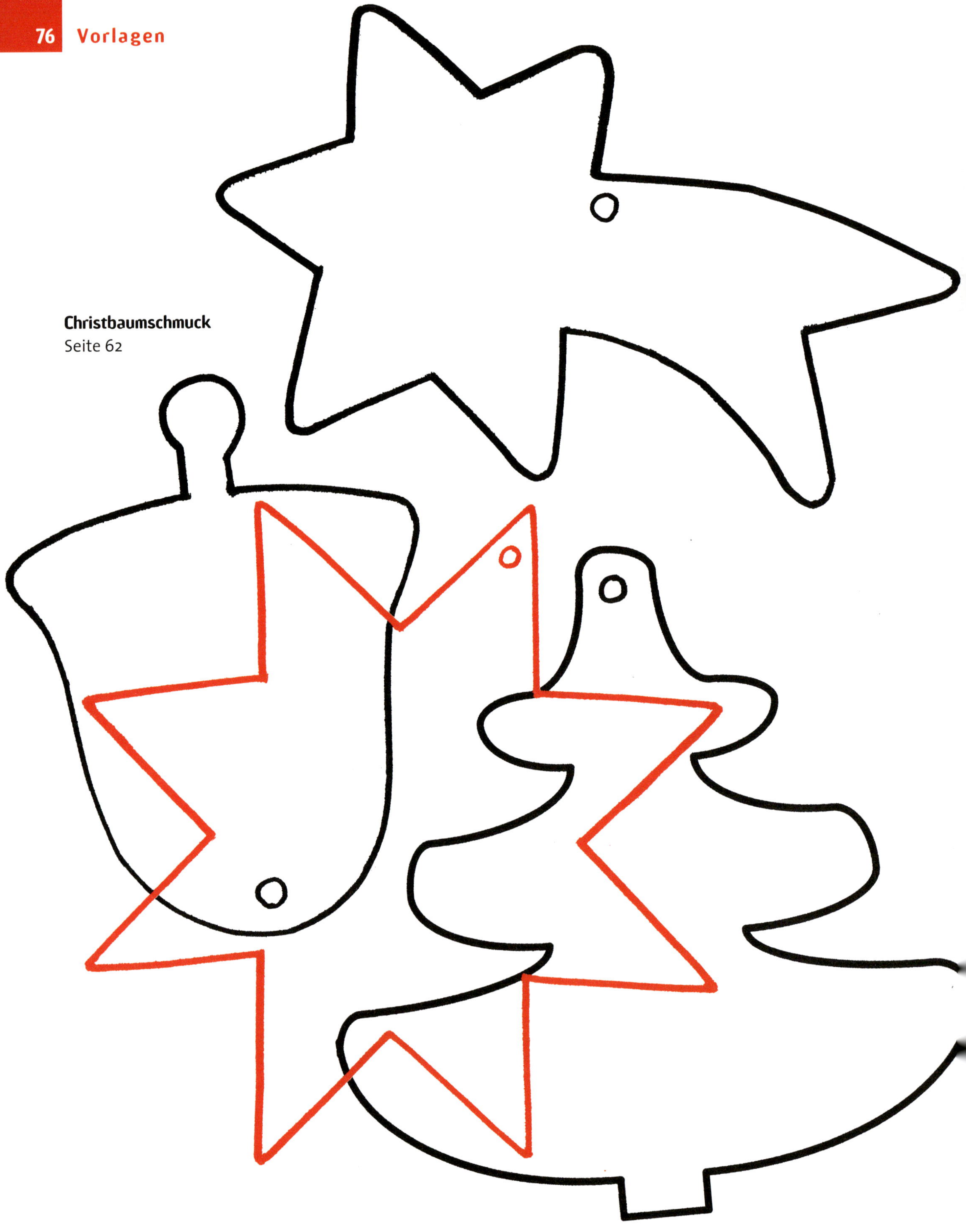

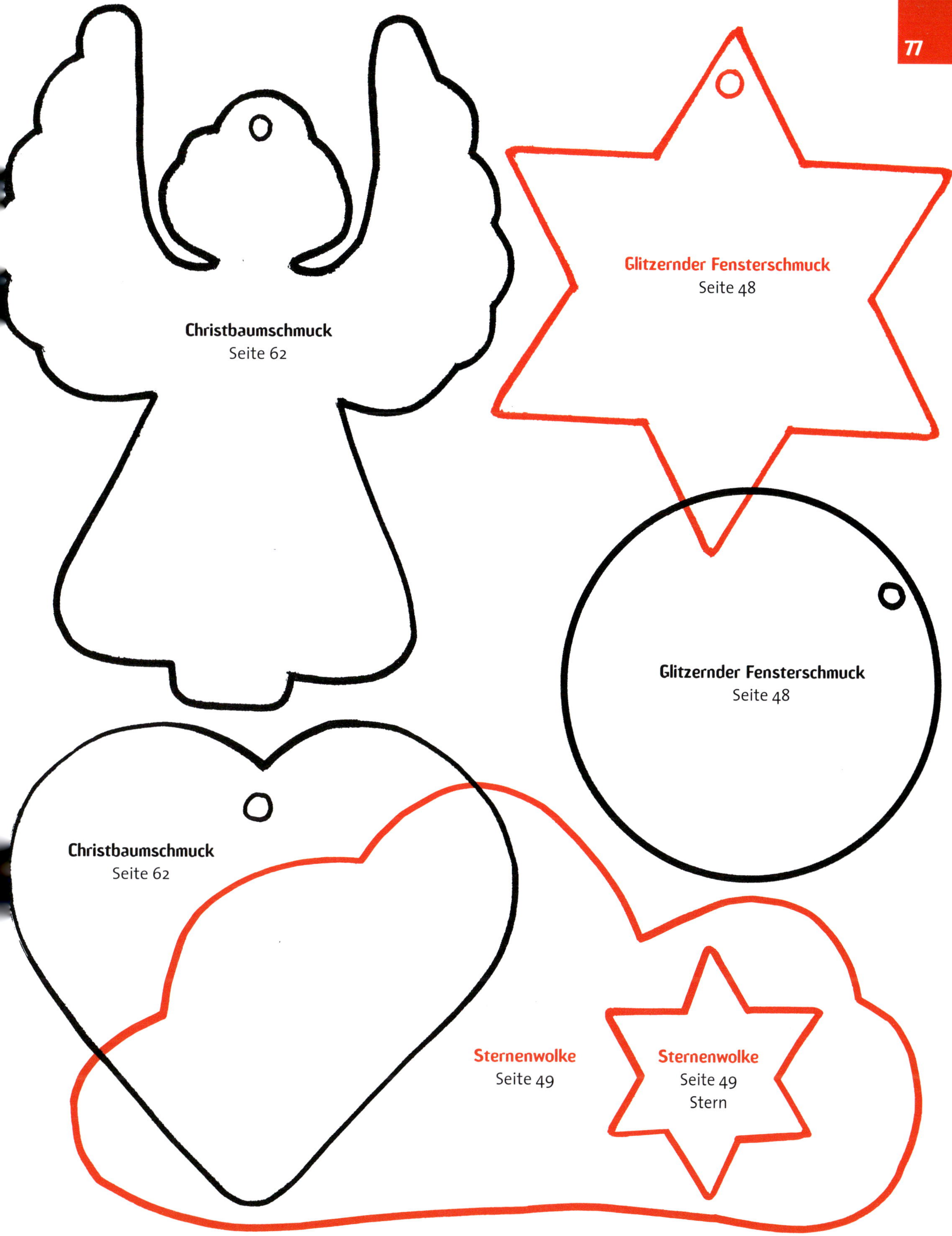
Christbaumschmuck
Seite 62
Glitzernder Fensterschmuck
Seite 48
Glitzernder Fensterschmuck
Seite 48
Christbaumschmuck
Seite 62
Sternenwolke
Seite 49
Sternenwolke
Seite 49
Stern

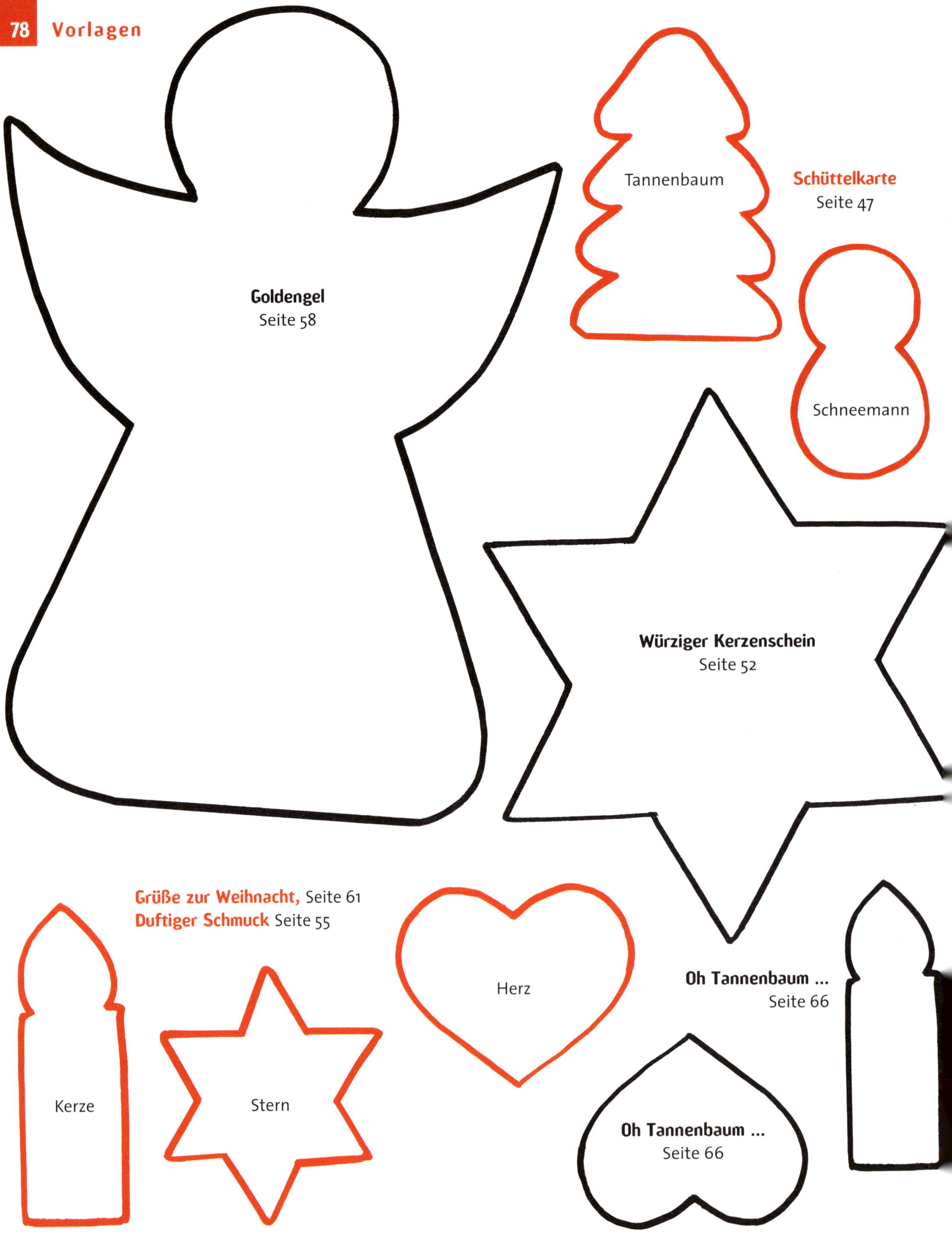
Goldengel
Seite 58
Tannenbaum
Schüttelkarte
Seite 47
Schneemann
Würziger Kerzenschein
Seite 52
Grüße zur Weihnacht, Seite 61
Duftiger Schmuck Seite 55
Kerze
Stern
Herz
Oh Tannenbaum ...
Seite 66
Oh Tannenbaum ...
Seite 66

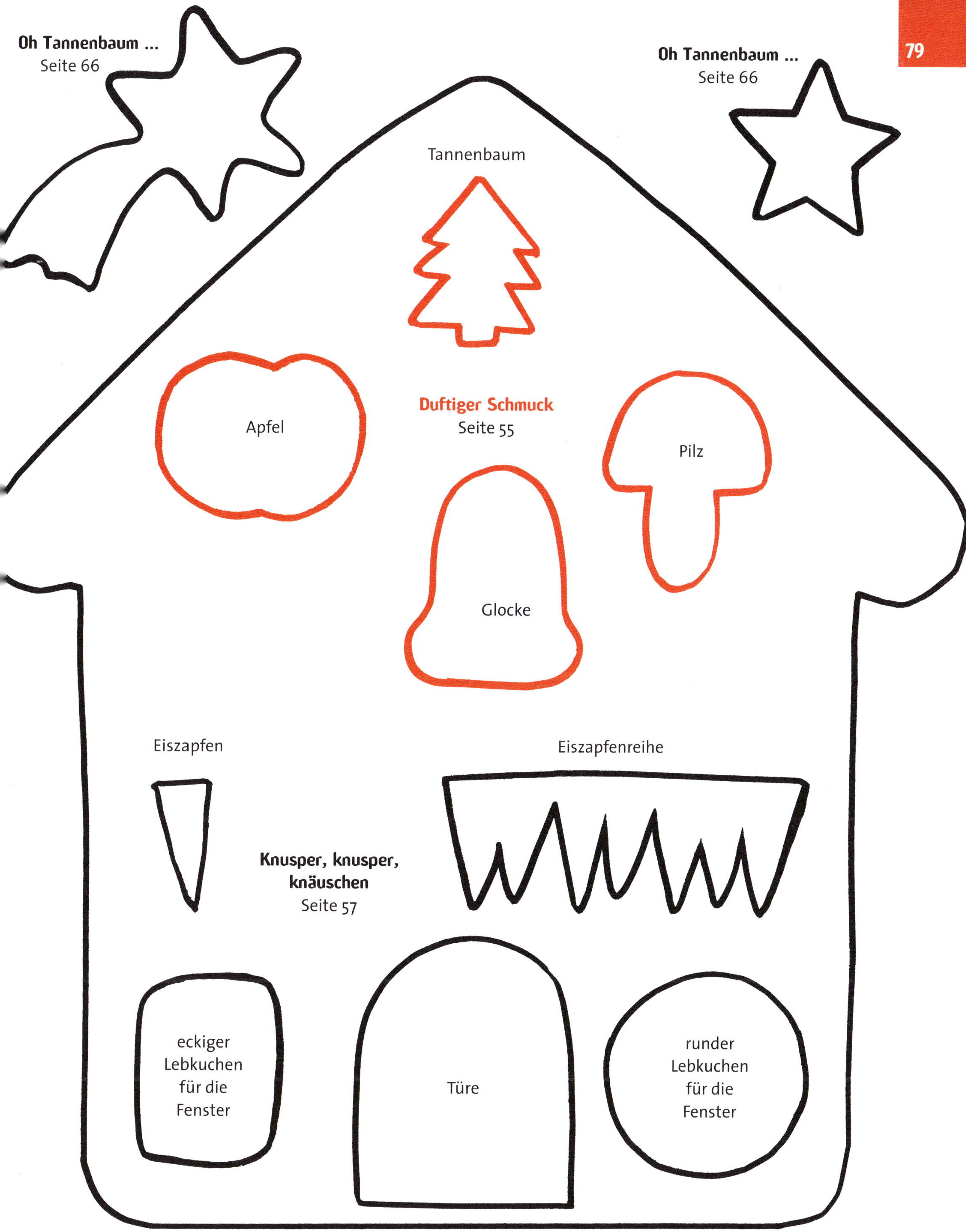
Oh Tannenbaum ...
Seite 66
Oh Tannenbaum ...
Seite 66
Tannenbaum
Apfel
Duftiger Schmuck
Seite 55
Pilz
Glocke
Eiszapfen
Eiszapfenreihe
Knusper, knusper, knäuschen
Seite 57
eckiger Lebkuchen für die Fenster
Türe
runder Lebkuchen für die Fenster

Bibliografische Information Der Deutschen Bibliothek
Die Deutsche Bibliothek verzeichnet diese Publikation in der Deutschen Nationalbibliografie; detaillierte bibliografische Daten sind im Internet über http://dnb.ddb.de abrufbar.

Umschlagkonzeption: Zero Werbeagentur, München
Umschlaglayout: Daniela Meyer
Fotografie: Klaus Lipa, Diedorf
Lektorat: Annett Wagner
Herstellung: Elke Martin
Layout/Satz: Wollinsky & Partner GmbH, München
Druck und Bindung: Appl, Wemding
Repro: kaltnermedia GmbH, Bobingen

Gedruckt auf umweltfreundlich chlorfrei gebleichtem Papier.

ISBN 3-426-66900-5
Printed in Germany

Bitte besuchen Sie uns im Internet:
www.knaur.de
Weitere Titel aus dem Bereich Kreativ finden Sie im Internet unter:
www.knaur-kreativ.de